KB101367

왜 광해군은 억울해했을까?

교과서 속 역사 이야기, 법정에 서다

34
역사공화국 한국사법정

왜 광해군은 억울해했을까?

광해군 vs 이귀

글 김태희 | 그림 박상철

(주)자음과모음

책머리에

우리가 왜 역사를 돌아보는 것일까요? 역사를 통해 지금 우리가 있게 된 내력을 알 수 있기 때문이지요. 역사의 흐름을 알면 오늘을 살아가는 우리의 삶을 더 잘 이해할 수 있습니다. 우리가 지금 겪는 문제들은 옛사람들이 살아오면서 겪은 문제들과 상당히 비슷하답니다. 그래서 역사를 잘 살펴보면 지금 우리가 맞닥뜨린 문제를 더 쉽게 이해하고 좋은 해결책을 찾아낼 수 있습니다. 다시 말해서 우리는 역사를 통해 교훈과 지혜를 얻을 수 있다는 말입니다.

광해군 이야기를 통해서 조선 시대의 정치권력과 국제 관계의 문제에 대해서 말씀드리고 싶습니다. 어느 사회든지 정치권력이 존재합니다. 왜냐하면 공동체를 유지하고 움직이는 데 정치권력이 필요하기 때문입니다. 그런데 정치권력은 시간이 흐를수록 점점 커지려는 경향이 있습니다. 그리하여 권력자 스스로를 망하는 길로 이끌기도 합니다. 절대적인 힘을 휘두르게 되지만, 그 막강한 힘이 오히려 그 사람을 망치게 하는 것이지요. 그래서 정치권력을 쥔 사람은 매우 조심해야 합니다. 그 힘의 칼끝이 자신을 향하지 않도록 말이지요.

개인이 갖는 정치권력이 정당한 힘을 갖기 위해서는 그 공동체의 구성원이 반드시 인정을 해 줘야 합니다. 또한 개인이 정치권력을 행사할 때 여러 사람의 합의가 매우 중요합니다. 서로의 의견이 다르다는 이유로 상대방을 무시해서는 안 됩니다. 의견이 다른 사람들을 설득하여 함께 가야 그 힘은 비로소 정당성을 가지게 됩니다.

이것은 민주주의 사회는 물론 왕조 사회에서도 마찬가지입니다. 조선 시대는 왕조 사회였기 때문에 왕의 정치권력이 아주 컸습니다. 그렇다고 해서 왕이 자기 마음대로 모든 것을 할 수 있는 사회는 아니었습니다. 왕과 신하가 함께 정치를 해야 합니다. 왜냐하면 정치권력의 요건은 신하들의 지지와 민심에 있기 때문입니다.

현재 지구촌은 여러 나라가 어우러져 살고 있습니다. 한국은 주변에 중국, 일본, 러시아 등의 나라로 둘러싸여 있습니다. 이러한 지리적 위치 때문에 우리나라는 옛날부터 다른 나라와의 관계가 매우 중요했습니다. 미국과 소련이 대립했던 시대에는 보통 한쪽에만 포함되어 있으면 됐는데, 지금은 그런 식으로 국제 관계를 유지할 수 없습니다. 여러 나라들과 좋은 관계를 유지해야 합니다. 주변의 여러 나라가 다툴 때 무조건 한쪽 편만 드는 것은 좋은 방법이 아니라고 할 수 있습니다. 그렇다면 어떻게 해야 할까요? 바로 평화 공존 또는 호혜 평등과 같은 높은 가치를 내세우고, 양쪽의 이해관계를 잘 살펴봐야 합니다. 또한 그렇게 하기 위해서는 정치와 국제 관계에서 명분과 실리를 조화시켜야 합니다. 현실을 무시한 채 명분만을 강조하거나 반대로 현실을 강조하면서 명분을 무시하는 것은 무책임한 행동이라고 할 수 있습니다. 두 가지가 대립할 때에는 하나만 선택하기보다는 그 두 가지를 조화시킬 수 있는 방법을 찾아야 합니다.

여러분들은 광해군의 재판을 지켜보면서 이런 문제들을 자연스럽게 떠올리게 될 것입니다. 더불어 처음부터 광해군을 무조건 긍정적으로 혹은 부정적으로만 보지 말고, 잘한 점과 못한 점을 나눠서 그 사실을 직접 확인해 보기를 바랍니다. 그리고 나서 독자 여러분 스스로 종합적인 판단을 내려 보세요.

자, 그렇다면 이제 법정으로 함께 들어가 볼까요?

김태희

차례

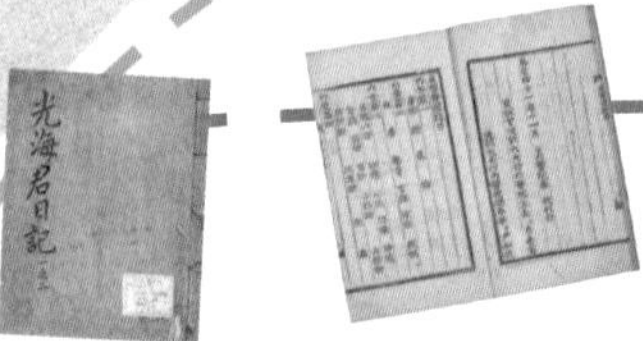

재판 첫째 날 광해군은 어떻게 왕위에 올랐을까?

교과서에는

선조의 뒤를 이은 광해군은 임진왜란으로 피폐해진 조선을 바로 세우기 위해 노력하였다. 토지 대장과 호적을 새로 만들어 국가 재정 수입을 늘렸고, 전쟁으로 피폐해진 산업을 일으켰다. 성벽을 수리하고 군사 훈련을 실시하는 등 국방도 튼튼히 하였다. 또한 허준으로 하여금 『동의보감』을 편찬하게 하였다.

중학교	역사	V. 조선의 성립과 발전 4. 외세의 침략과 조선의 대응 (2) 청의 침략과 조선의 대응

광해군은 명이 점점 쇠퇴하고 있는 외교 정세를 파악하고 신중한 외교 정책을 폈다. 그래서 새로운 강국으로 등장한 후금과 적대 관계를 가지는 것이 현명하지 못하다 판단하였고, 중립 외교 덕분에 외세의 침략을 피할 수 있었다. 하지만 광해군과 북인 정권은 왕권의 안정을 위해 영창 대군을 죽이는 등 도덕적으로 큰 약점을 드러내기도 하였다.

왜란으로 피폐해진 상황에서 광해군은 조선의 왕의 자리에 올랐다. 당시 중국에는 후금이 새롭게 성장하고 있었다. 광해군은 나라 안으로는 백성들의 생활 안정에 노력하여 경기도에서 대동법을 시행하고, 나라 밖으로는 국제 정세의 변화를 살펴 신중한 중립 외교를 펼쳤다.

고등학교	한국사	II. 고려와 조선의 성립과 발전 2. 유교 정치의 이상을 꽃피운 조선 (5) 동아시아 정세 변화로 왜란과 호란이 일어나다

광해군의 실리를 추구한 외교 정책은 명에 대한 의리를 지켜야 한다고 주장하는 서인들의 반발을 샀다. 그리하여 광해군이 인목대비를 폐비시키자, 유교 윤리를 어겼다는 이유로 반정을 일으켜 광해군을 몰아내고 인조를 왕위에 올렸다. 이것이 바로 인조반정이다.

한국사 연표

1575년	광해군 출생
1592년	임진왜란 발생 광해군 세자로 책봉, 분조 활동 시작
1596년	광해군, 충청도에서 무군사 이끌고 활동
1597년	정유재란 발생
1598년	이순신 사망, 왜란 끝남
1599년	북인, 대북과 소북으로 나누어짐
1608년	선조 사망, 광해군 즉위(~1623) 대동법 실시, 임해군 유배
1610년	허준, 『동의보감』 완성
1611년	정인홍, 이언적과 이황을 비판
1613년	계축옥사 발생
1618년	광해군, 비변사 신하들과 명나라 파병을 놓고 논쟁
1619년	조광조, 문묘 종사
1623년	인조반정 발생
1636년	병자호란 발생
1641년	광해군 사망

세계사 연표

1582년 마테오 리치, 중국에 들어감

1588년 누르하치, 건주 여진 통일

1590년 도요토미 히데요시, 일본 통일

1592년 도요토미 히데요시, 조선 침략

1598년 도요토미 히데요시 사망

1600년 영국, 동인도 회사 창립

1607년 도쿠가와 이에야스, 조선과의 국교 회복

1609년 네덜란드, 일본 히라도에
외국인이 경영하는 상점 설치

1611년 명나라, 동림당과 비동림당의 당쟁 격화

1616년 누르하치, 후금 건국

1618년 30년 전쟁 발생

1636년 청 태종 홍타이지,
국호를 후금에서 청으로 바꾸고 황제가 됨

1640년 명나라 멸망

등장인물

원고 **광해군(1575년~1641년, 재위 기간 : 1608년~1623년)**

나는 조선의 15대 왕입니다. 임진왜란 때 세자가 되어 아버지인 선조 임금의 뒤를 이어서 왕이 되었습니다. 세자일 때에는 전쟁터를 돌아다니며 민심을 수습했습니다. 왕위에 오른 후에는 조선의 안정을 위해 일했고, 국제 정세에 적절히 대응한 외교의 명수라고 할 수 있습니다.

원고 측 변호사 **김딴지**

딴죽 걸기의 명수 김딴지 변호사입니다. 나는 사람들에게 알려진 역사가 완전한 진실이라고 생각하지 않아요. 패자의 목소리에도 귀 기울여 잘못 알려진 사실은 반드시 바로잡아야 합니다.

원고 측 증인 **이원익**

나는 조선 중기의 문신으로 선조 때 대동법 실시를 건의했습니다. 그뿐만 아니라 불합리한 조세 제도를 고쳐 나라를 안정시키려 노력했습니다.

원고 측 증인 **허준**

나는 『동의보감』을 쓴 명의 허준이라고 해요. 가난한 백성의 병을 치료하는 것이 내 목표였지요. 그뿐만 아니라 천연두에 걸린 광해군을 치료해 주었고, 임진왜란 당시 피란 가는 선조를 직접 보필했지요.

원고 측 증인 **강홍립**

나는 조선 중기 때 광해군을 도와 중립 외교를 펼쳤던 강홍립 장군입니다. 후금을 공격하는 명나라와의 합동 작전에 참가했지만 광해군의 밀명에 따라 후금에 항복했지요. 나 역시 우리 병사들의 죽음을 원치 않았기 때문이지요.

등장인물

피고 **이귀(1557년~1633년)**

나는 조선 중기 때 문신으로 인조반정의 일등 주역입니다. 인륜이 땅에 떨어지는 것을 막고 어지러운 정치를 바로잡기 위해 인조반정을 일으켰지요. 어지러운 정치를 바로잡은 사건을 지금에 와서 뒤집으려 하다니 아주 불쾌합니다.

피고 측 변호사 **이대로**

나는 역사공화국에서 둘째가라면 서러운 이대로 변호사입니다. 기존의 역사적 평가는 다 이유가 있다고 생각하지요. 역사적 진실은 쉽게 변하는 것이 아니라니까요.

피고 측 증인 **인목 대비**

어려서 선조 임금에게 시집을 가서 영창 대군을 낳았습니다. 나는 아들을 광해군에 의해 잃고 서궁에 갇혔지요. 이 모든 것이 나의 원수인 광해군 때문에 일어난 일입니다.

피고 측 증인 **이항복**

1592년 임진왜란 때 선조를 보필했던 충신 이항복입니다. 당시 명나라에 군대 파견을 요청하는 등의 활약을 했었지요. 광해군이 즉위하자 이원익, 이덕형 등과 함께 정국을 잘 이끌어 나갔지만 폐모론을 반대해서 유배를 당하고 그곳에서 죽었지요.

피고 측 증인 **능양군**

나는 선조와 인빈 김씨 사이에 태어난 정원군의 아들로 선조의 손자입니다. 광해군에게는 조카인 셈이지요. 후일 인조반정에 가담해 인조가 됩니다. 동생 능창군이 옥사에 몰려서 스스로 목숨을 끊자 나의 아버지는 충격을 받아 돌아가셨지요.

판사 **나중립**

나는 역사공화국에서 공정하기로 소문난 나중립 판사입니다. 변호사들에게 엄하게 대할 때도 있지만, 역사에 대한 호기심과 공정한 판결에 대한 노력은 나를 능가할 사람이 없다고 자부합니다.

프롤로그

"나, 광해군의 명예를 회복시켜 주시오!"

지금 이곳은 영혼들이 사는 역사공화국. 김딴지 변호사는 오늘도 어김없이 책상에 앉아서 무언가를 읽고 있다. 한명기 선생이 집필한 『광해군』이다. 요즘 들어 김딴지 변호사는 '역사 교육 과정 개발 추진 위원회'의 일원으로 활발하게 활동하며 바쁜 나날들을 보내고 있었다.

이틀 전, 서울의 한 대학에서 '한국사 필수'를 주제로 한 첫 공청회가 열렸는데, 이날 김딴지 변호사는 참석한 회원들 중에서 가장 오랫동안 역사 교육 강화의 필요성에 대해 열변을 토해 냈다. 또한 김딴지 변호사는 자신과 같은 역사 전공자들이 앞장서서 잘못 평가된 역사적 사건을 찾아내고 바로잡아야 한다고 말해 참석자들의 공감을 샀다. 김딴지 변호사가 주장한 잘못 평가된 역사적 사건 가운데 하나는 '광해군과 인조반정'에 관한 것이었다.

공청회를 성공적으로 끝낸 김딴지 변호사는 이 사건을 한국사법정에 끌어내 새로운 평가를 받게 하리라 결심했고, 그날부터 인조반정에 관한 역사책 한 권을 읽기 시작한 것이었다.

똑똑!

김딴지 변호사는 얼마나 집중해서 책을 읽고 있는지 노크 소리를 듣지 못했다.

똑똑, 똑똑, 똑똑똑!

"안에 계십니까?"

중후한 한 남자의 목소리가 들려오자 그제야 김딴지 변호사는 퍼뜩 정신을 차렸다. 김딴지 변호사는 책을 내려놓으며 말했다.

"네, 들어오세요."

살며시 문을 열고 한 남자가 사무실 안으로 들어왔다.

"김딴지 변호사 맞습니까?"

그러면서 남자는 김딴지 변호사를 향해 다가와 거침없이 손을 내밀었다. 김딴지 변호사는 얼떨결에 남자와 악수를 했다.

"예. 제가 김딴지 변호사입니다. 그런데 누구신지요?"

"음, 나를 모르는군요."

김딴지 변호사는 예전에 만난 적이 있는 사람인지 기억을 되새겨 보았으나 전혀 생각이 나지 않았다. 김딴지 변호사는 남자의 눈치를 살피며 물었다.

"죄송합니다. 제가 기억력이 좋은 편인데, 요즘 바쁘다 보니……."

"기억력이 좋다고요? 하하하."

갑자기 호탕하게 웃는 남자를 그저 멀뚱히 바라보고 있던 김딴지 변호사가 말했다.

"우선 앉아서 얘기를 나누는 게 좋을 것 같습니다."

변호사와 남자는 소파에 마주 보고 앉았다. 남자가 먼저 말문을 열었다.

"만나서 반갑습니다. 나는 광해군이라고 하오!"

"옛? 정말로 조선의 제15대 왕인 광해군이 맞습니까?"

방금 전까지 읽고 있었던 『광해군』 책의 주인공이자 인조반정 사건의 당사자가 눈앞에 나타나다니! 김딴지 변호사는 깜짝 놀라 휘둥그레진 눈으로 광해군을 보며 되물었다.

"우리 변호사님은 속고만 사셨나 봅니다. 내가 광해군이오."

"이렇게 만나게 돼서 영광입니다."

"내가 더 영광입니다. 혹시 내 재판을 맡아 줄 수 있겠습니까?"

"아, 그럼 이야기를 한번 들어 볼까요?"

"먼저 김딴지 변호사가 내 재판을 맡아 주실 것을 약속해 주세요. 그래야 믿고 얘기하죠."

"알겠습니다. 제가 맡지요."

평소 광해군 문제는 재평가 받아 마땅하다고 생각해 온 김딴지 변호사로서는 마다할 이유가 없었다. 김딴지 변호사가 사건 의뢰를 잠시의 망설임 없이 승낙하자 감동한 듯 김 변호사의 두 손을 꽉 잡으며 말했다.

"잘 부탁합니다. 그럼, 어디서부터 이야기를 시작할까요?"

"음, 세자 책봉 이야기부터 들려주시지요."

"1592년 임진왜란이 발생했을 때…… 그때 나는……."

미리
알아두기

왕의 자리에서 내려온 남자, 광해

임진왜란이라는 고통스러운 전쟁을 겪은 뒤에 왕의 자리에 오른 광해군은 나라 안팎으로 많은 시련을 겪게 됩니다. 나라 밖으로는 새롭게 떠올라 위력을 과시하던 중국의 후금과 명 사이에서 처신도 잘해야 했고, 나라 안으로는 붕당의 싸움에 휘말리지 않고 정세를 펼쳐 나가려면 현명하게 대처해야 했지요. 하지만 결국 광해군은 반정을 일으킨 서인들의 손에 끌려 왕의 자리에서 내려오게 됩니다.

반정으로 권력을 잡게 된 인목 대비는 광해에게 무려 36가지의 죄목을 내리는데요. 그중에 가장 중요한 것을 세 가지로 꼽아보면 첫 번째는 '존속살해죄'입니다. 광해군이 새어머니인 인목 대비를 내쫓고 인목 대비의 아들이자 광해군의 동생인 영창 대군마저 귀양을 보내 죽게 만들었다는 죄목이지요. 두 번째 죄목은 '혈세 낭비죄'입니다. 지나치게 궁궐 공사를 많이 해서 백성들을 힘들게 했다는 것이지요. 전쟁으로 불탄 궁궐을 재건하고 무너진 나라의 기강을 다시 세우려는 노력이 지나쳐 비난을 받게 된 것입니다. 그리고 광해군의 세 번째 죄목은 '명나라 배신죄'입니다. 광해군은 명나라와 후금(후에 청나라) 사이에서 중립 외교를 했는데, 이것은 명나라를 섬기던 당시 양반들에게는 있을 수도 없는 일이었던 것이지요.

결국 반정이 일어나고 광해군은 왕의 자리에서 쫓겨나게 됩니다. 강화도에서 다시 제주도로 유배를 당하는 등 점점 더 먼 유배지로 쫓겨가며 바깥도 제대로 볼 수 없는 곳에서 살아야 했던 광해군은 오랜 유배 생활을 하며 다음과 같은 시를 남겼답니다.

궂은 비바람이 성머리에 불고,
습하고 역한 공기는 백척루에 가득 차네.
창해 거친 파도가 땅거미를 뒤덮고,
시퍼런 산 근심 어린 기운은 맑은 가을을 둘러싸네.
돌아가고 싶은 마음에 왕손의 풀을 바라보고,
떠돌이의 꿈에는 제자주(서울)가 아른거린다.
고국 존망 소식은 들을 수도 없는데,
안개 자욱한 강 위에 외딴 배 누웠구나.

원고 | 광해군 대리인 | 김딴지 변호사
피고 | 이귀 대리인 | 이대로 변호사

청구 내용

나, 광해군은 임진왜란이라는 어려운 시기에 세자가 되어 전쟁에 참여하여 활약했습니다. 조선 시대에 어느 세자가 이런 어려운 일을 하였습니까? 왕이 되어서는 전쟁이 남긴 상처를 치유하면서 나라를 다시 세우는 데 온 힘을 다 쏟았습니다.

우선 한국사 교과서에서 열심히 배우고 있는 '대동법'을 내가 왕위에 있을 때 처음 시행했습니다. 이로써 백성들이 무거운 세금으로부터 고생을 덜 수 있었습니다. 워낙 가진 사람들의 저항이 드세어서 전국적으로 한꺼번에 실시하지는 못했지만, 그래도 중요한 첫발을 내디딘 것입니다. 그 후로 '대동법'은 차츰 확대 실시되었습니다. 이 사실로 비추어 볼 때 '대동법'이 얼마나 좋은 정책이었는지 잘 알 수 있습니다.

허준의 『동의보감』도 내가 다스리던 때에 나왔습니다. 전쟁의 후유증으로 전염병이 돌고 백성들이 죽는 경우가 많았기 때문에 정말로 좋은 의학 서적이 필요할 때였습니다. 허준의 『동의보감』에 관해서는 몇 해 전에 TV 드라마로 상영되어 인기몰이를 한 적도 있습니다.

임진왜란 이후 국제 정세는 큰 변화의 소용돌이가 몰려오는 상황이었습니다. 이러한 미묘한 시기에 나는 국제 정세를 예의 주시하면서 신중하게 행동하였습니다. 쓸데없이 국력을 소모하지 않고 안으로 실력을 쌓는 노력을 하였습니다. 다가올 동아시아의 큰 변화에 슬기롭게 대처한 것이죠. 이것은 후일 역사가 증명하는 바였습니다. 이처럼 나라를 위해 누구보다 열심히 일한 왕이었던 나를 제대로 대접해 주기는 커녕 폭군 연산군처럼 '-군'이라 부르며 나쁘게 평가하고 있습니다. 이것은 내 개인의 문제가 아닙니다. 이런 역사적 평가를 그대로 둔다면, 우리가 역사에서 제대로 된 교훈을 얻을 수 없게 될 것입니다. 잘못된 역사를 바로잡아야 하고 이는 더 이상 미룰 수 없는 일이라 생각됩니다. 나의 명예 회복과 복권, 그리고 이와 함께 역사 바로잡기를 역사공화국 한국사법정에 요구합니다.

입증 자료

- 중학교 역사 교과서
- 고등학교 한국사 교과서

그 외 자료 추후 제출하겠음.

위 청구인 광해군

역사공화국 한국사법정 귀중

와!
적을 토벌하고
조선을 지키자!
–광해군
와
와

재판 첫째 날

광해군은 어떻게 왕위에 올랐을까?

1. 장남도 아닌 광해군이 세자가 된 이유는?
2. 광해군은 어떻게 어려움을 넘기고 왕이 됐을까?

교과 연계

역사
Ⅴ. 조선의 성립과 발전
4. 외세의 침략과 조선의 대응
(2) 청의 침략과 조선의 대응

1

장남도 아닌 광해군이 세자가 된 이유는?

"오늘 소송을 제기한 원고가 조선의 임금 가운데 가장 어리석은 임금이자 패륜아로 알려진 광해군이래."

"그렇군. 그런데 광해군이 어리석은 임금이라고?"

"그래. 광해군이 패륜아라는 사실은 하늘이 알고 땅이 아는데, 여태 몰랐어?"

"음, 인간 광해군은 패륜아였을지 몰라도, 임금 광해군은 꽤 괜찮은 왕이었다고 생각해. 왜냐하면 광해군은 임진왜란 때 세자로 책봉된 후 자신의 역할을 아주 잘 해냈지. 나중에 왕위에 올라서도 7년 동안의 전쟁으로 황폐해진 조선을 다시 일으켜 세우는 데 최선을 다했거든."

"하지만 조선은 유교 국가였잖아! 모범을 보여야 할 사람인 임금이 동생을 죽이고 어머니까지 부정하는 패륜을 저질렀다고."

"뭔가 그럴 만한 사연이 있었겠지. 역대 임금 가운데 권력을 잡거나 유지하려고 형제를 죽인 경우가 어디 한둘인가? 유독 광해군에게 그런 평가를 하는 건 불공평한 것 같아. 아무튼 당시 광해군이 펼쳤던 중립 외교가 오늘날 학자들에게 재평가를 받고 있다는데."

"아무래도 이번 재판에서는 그런 것들이 주요 쟁점이 되겠군. 또 다른 새로운 얘기는 없나?"

"하하. 궁금해 하긴 하는군. 아무튼 이번 재판에서 어떤 식으로 결론이 날지 나도 궁금하네."

그때였다.

"모두 조용히 하십시오!"

조용히 하라는 법정 경위의 말에 배심원들과 방청객들은 대화를 멈추고 자리에 바로 앉았다.

잠시 후 검은 법복을 입은 판사가 걸어 나와 재판정 가운데 의자에 앉았다. 나중립 판사는 눈을 크게 뜨면서 법정 안을 한번 휙 훑어보았다.

판사 자, 모두 참석하셨지요?

원고와 피고, 양측의 변호사, 그리고 방청객들과 배심원들이 고개를 끄덕이자 나중립 판사는 근엄한 표정으로 말했다.

판사 이제 재판을 시작하겠습니다. 오늘은 광해군이 명예를 회복하기 위하여 재판을 신청했군요. 그럼, 원고 측 김딴지 변호사가 소송을 제기한 이유를 설명해 주세요.

김딴지 변호사 네, 판사님! 오늘날 역사학계에서는 광해군을 재평가해야 한다는 분위기가 널리 퍼져 있습니다. 하지만 아무래도 우리 역사공화국에서 광해군에 대한 재평가가 이루어져야 세상 사람들이 인정해 주는 거 아닐까요? 우선 소장에서 보시는 바와 같이, 광해군은 임진왜란 당시 세자가 되어 몸소 전쟁터를 돌아다니며 민심을 수습했지요. 임금이 되고 나서도 전쟁 후 황폐해진 나라를 일으키기 위해서 많은 업적을 이루었습니다. 광해군에게는 백성이 우선이었습니다. 그래서 가난한 백성들의 세금을 줄여 주기 위해 최초로 대동법을 시행했지요. 또한 광해군은 급변하는 국제 정세에 과감하고 현명하게 실리 외교를 펼쳤던 임금이었습니다. 그런데 이런 훌륭한 임금을 신하들이 반란을 일으켜 왕위에서 몰아냈어요. 그것도 모자라 원고가 사망한 후에는 원고의 업적까지 왜곡했습니다.

판사 그렇군요. 그런데 원고의 이름이 다른 왕들과 좀 다른 것 같습니다.

김딴지 변호사 그렇습니다. 원고는 억울하게도 돌아가신 임금에게 당연히 붙여 주는 '묘호'도 얻지 못했습니다. 그래서 이번 재판에서 이 모든 억울함을 풀고 잘못된 것을 바로잡으려 하는 것입니다.

판사 음, 잘 들었습니다. 그런데 '묘호'가 무슨 뜻이지요?

김딴지 변호사 아, '묘호'란 왕이 죽은 뒤 종묘에 모실 때 붙이는 이

원고 광해군에
대하여 재평가를
해야 합니다!
억울한 건
광해군이 아니라
피고 이귀입니다.
김딴지 변호사
말이
맞습니다.
흥! 두고 보자!
광해군!

름으로, 높이는 뜻이 담겨 있습니다. 이를테면 태조, 태종, 세종처럼 '-조(祖)'나 '-종(宗)'으로 끝나는 임금의 이름을 말합니다. 하지만 광해군은 억울하게도 묘호를 얻지 못하고 세자 때의 이름을 그대로 사용하고 있지요.

판사 광해군 외에 '-군'으로 끝난 임금이 또 있는 것 같은데요?

김딴지 변호사 세 명 있습니다. 조선 시대에 왕위를 제대로 마치지 못한 왕으로, 바로 노산군, 연산군, 광해군입니다. 이 중 노산군은 숙부인 세조에게 쫓겨났지만 나중에 단종이라는 묘호를 얻어 명예를 회복했고요. 조선 시대의 왕 가운데 오직 연산군과 광해군만이 세자 때 이름을 그대로 사용합니다. 광해군과 같은 훌륭한 임금을 폭군 연산군과 똑같이 대하다니요! 이런 모욕적인 상황은 결코 받아들일 수 없습니다.

판사 음, 잘 들었습니다. 그런데 원고 측 변호인께서 조금 흥분한 것 같군요. 소송의 핵심 내용을 마무리하세요.

김딴지 변호사 네, 그러겠습니다. 당시 조선에는 자신들의 행위를 옳다고 주장하기 위해 광해군을 억지로 깎아내려야만 했던 세력이 있었습니다. 그들은 조선이 망하는 날까지 조정을 지배했지요. 그리고 제 생각에는 수백 년이 지난 지금, 광해군을 재평가하기에 충분한 세월이 흐른 것 같습니다.

김딴지 변호사가 말을 마치고 원고 광해군을 바라보았다. 방청객들의 시선도 모두 광해군에게로 쏠렸다. 비범하고 총명해 보이는 광해군의 눈동자에는 슬픈 기색이 서려 있었다.

판사 좋습니다. 그럼 원고의 진술을 직접 들어 보도록 하겠습니다. 원고는 먼저 간단한 자기소개를 해 주세요.

광해군 네. 나는 조선의 15대 임금으로 이름은 혼이에요. 1575년에 선조와 공빈 김씨의 둘째 아들로 태어났지요. 나의 어머니 공빈 김씨는 정실 왕비가 아니라 후궁이었습니다. ▶1592년(선조 25) 임진왜란이 일어나 한양(지금의 서울)이 함락될 위기에 있었던 4월 29일 갑자기 세자로 책봉되었지요. 그러고 나서 1608년 아버님 선조 임금께서 돌아가시자, 내가 그 뒤를 이어 왕위에 올랐지요.

김딴지 변호사 임진왜란이라는 매우 혼란스런 상황에서 세자로 책봉되었군요.

광해군 네. 그래서 나의 책임감은 말로 표현할 수 없을 정도로 무거웠지요. 하지만 난 언제나 조선과 백성을 위해 이 한 몸 바칠 준비가 돼 있었지요. 그래서 왕위에 올라서도 임금으로서 정말 최선을 다했어요. 그런데 1623년 3월 반란이 일어나 왕위에서 물러나게 되었지요. 그 후 나는 강화도와 제주도 등지에서 18년 동안 유배 생활을 하다가…….

원고는 갑자기 감정이 복받쳤는지 눈을 감고 말을 잇지 못했다. 법정 안이 그 어느 때보다 숙연해졌다. 국왕으로

함락
적의 성이나 요새 등과 같은 곳을 공격해서 무너뜨리는 것을 의미합니다.

책봉
왕세자나 왕세손, 왕후, 비(妃), 빈(嬪), 부마 등의 작위를 받는 일을 말합니다.

교과서에는

▶ 일본은 1592년 전국 시대의 혼란을 수습한 뒤 철저한 준비 끝에 20만 대군을 이끌고 조선을 침략했지요. 이것이 바로 임진왜란이지요.

폭정
포악하고 가혹한 정치를 말합니다.

거사
거창하게 계획된 일을 말하는 것으로, 여기서는 정변을 일으킨 것을 말합니다.

서 명예와 치욕이 엇갈린 삶을 산 데 대한 회한의 감정이 북받치는지 광해군은 고개를 떨구었다. 하지만 조선의 왕답게 곧 마음을 추스르고 말을 이어 나갔다.

광해군 아……, 죄송합니다. 내가 문득 옛 생각에 감정이 격해졌네요. 마저 말씀드리지요. 난 그렇게 유배 생활을 하다가 1641년 세상을 떠났습니다. 나의 묘는 현재 경기도 남양주시 진건면 송릉리에 있지요.

판사 한 나라의 임금까지 지냈던 분이 폐위 후 비참하고 괴로운 삶을 겪었다 하니 마음이 편하지 않은 건 사실입니다. 그렇지만 임금이란 막중한 책임을 잘 해냈는지는 이곳 역사공화국 한국사법정에서 엄정하게 판명할 것입니다. 그럼, 이번에는 피고의 진술을 듣겠습니다. 먼저 간단한 자기소개를 해 주세요.

이귀 네. 나의 이름은 이귀로 호는 묵재, 시호는 충정이지요. 임진왜란 때 군사와 군마와 군량 등을 모아 전쟁터로 수송하는 역할을 담당했습니다. 광해군의 폭정을 그냥 두고 볼 수 없어서 이 한 몸을 내던져 나라를 구하겠다는 마음으로 거사를 일으켰습니다. ▶광해군 대신 선조 임금의 손자인 능양군을 왕으로 떠받들었지요. 그 능양군이 바로 인조 임금입니다. 이 거사를 두고 후세에서는 '인조반정'이라 부르더군요. 인조 임금 때는 병조 판서, 이조 판서 등을 지냈지요. 오늘 재판을 통해 우리가 왜 거사를 일으켰는지 말씀드리겠습니다. 또

교과서에는

▶ 광해군은 영창 대군의 죽음과 인목 대비 유폐, 무리한 토목 공사 등으로 인해 많은 비난을 받았지요. 결국 북인은 서인이 주도한 인조반정으로 몰락하였지요.

한 광해군이 왜 나쁜 임금이었는지에 대해서도 말씀드리겠습니다.

판사 지금까지 원고 측 변호인의 소송 핵심 내용 소개와 원고와 피고의 자기소개가 있었는데요. 피고 측 변호인, 질문 있나요?

이대로 변호사 네, 판사님. 우선 광해군이 세자가 된 과정부터 비정상적이었습니다. 왜냐하면 원고는 정실 왕비의 소생도 아니었고, 당시 후궁 소생으로도 친형인 임해군이 있었습니다. 다들 아시다시피 조선에서는 적장자가 세자로 책봉되는 것이 원칙이었는데요. 적자도 장자도 아닌 광해군이 어떻게 세자가 됐는지 납득할 수 없는데요. 이에 대해서 원고 측의 답변을 듣고 싶습니다.

판사 이에 대해 원고 측, 답변하세요.

김딴지 변호사 네. 조금 전 피고는 광해군이 왕위에 오른 것부터 문제를 삼고 있는데요. 저는 바로 이런 태도가 진짜 문제라고 생각합니다. 임금을 임금으로 인정하려 하지 않다니! 광해군이야말로 다른 어느 임금과 비교해도 뛰어난 실력을 지녔었고, 이를 검증받은 왕이었습니다. 지금부터 원고가 어떤 사람, 어떤 임금이었는지 그 자초지종(自初至終)을 밝혀 보도록 하겠습니다. 원고에게 묻겠습니다. 원고의 세자 책봉이 비정상적이었다는 피고 측의 주장에 대해 어떻게 생각하세요?

광해군 내가 비정상적인 상황에서 세자가 되었다는 점은 인정합니다. 그러나 임진왜란이라는 비상시국(非常時局)이 아니었다면 내

적장자
정실 왕비가 낳은 자식을 적자라 하고, 그 자식 중 큰아들을 장자라고 합니다.

자초지종
어떤 일이나 상황의 처음부터 끝까지의 과정을 말합니다.

비상시국
재해, 전쟁 등과 같은 이유로 국가가 중대한 위기를 맞이한 상황을 말합니다.

소임
맡은 임무 또는 직책을 말합니다.

도요토미 히데요시
일본의 정치가이자 무장으로 1587년 반대 세력을 진압한 인물입니다. 일본을 통일함으로써 모모야마 시대를 열었습니다.

가 세자가 되지 않았을지도 모릅니다. 세자가 되지 않았다면 과연 내가 왕위에 오를 수 있었을지 확신할 수 없는 일이지요.

김딴지 변호사 어! 그렇다면 원고는 본인이 세자가 된 것이 비정상적이었다는 것을 인정하는 건가요?

광해군 아니에요. 내가 세자가 된 상황이 비정상적이었다는 것이지, 세자가 된 과정은 전혀 문제가 없었어요. 그리고 만약 이때 내가 세자가 되지 않았다면 나중에 왕이 될 기회가 왔을지 확신할 수 없다는 말이지요. 요컨대 임진왜란이라는 비상시국을 통해 뜻밖에 세자가 되었던 나는 그 기회를 놓치지 않고 왕에 버금가는 세자로서의 소임을 다함으로써 왕으로 인정받을 수 있었다고 생각합니다.

김딴지 변호사 그렇군요. 임진왜란이라는 비상사태가 일어났기에 세자가 되었다, 이 말씀이군요. 그 임진왜란에 대해 간단히 설명해 주세요.

광해군 다들 잘 아시다시피 임진왜란은 1592년 일본의 침략에 의해 시작되었지요. 일본은 조선을 침략하기 전에 약 100년 동안 전쟁을 겪었는데 일본사에서 이를 '센고쿠 시대(戰國時代)'라고 부르지요. 1540년대 초반에 총과 대포가 들어오면서 지역 영주들 간의 싸움이 더욱 치열해졌어요. 1590년 무렵 일본에서는 총과 대포를 잘 활용했던 오다 노부나가와 그의 후계자인 도요토미 히데요시에 의해 마침내 전국이 통일되었지요. 그런데 전쟁이 끝나자 도요토미 정권은 군사력을 관리하는 것이 큰 문제가 되었습니다. 군사를 내보내 해외에서 전쟁을 일으키는 것이 하나의 해결책이었습니다.

김딴지 변호사 그렇군요. 그런데 이런 일본의 침략 움직임에 대해 조선은 그저 바라보고만 있었나요?

광해군 세종, 세조 임금을 모시고 활약한 신숙주는 죽기 직전인 1471년 일본에 다녀온 경험을 바탕으로 쓴 『해동제국기』라는 책을 남겼는데요. 이 책에서 이미 일본에 대한 경계심을 불러일으키면서 내부로는 조정의 기강을 바로 세우고, 외부로는 일본과의 우호 관계를 유지하라는 내용을 다루고 있지요. 그때만 해도 조선은 일본에 대한 경계를 늦추지 않았었지만, 임진왜란이 일어날 무렵에는 그 경계가 아주 소홀해져 있었어요.

김딴지 변호사 알겠습니다. 그럼 세자 책봉 상황을 설명해 주세요.

광해군 네. 1592년 4월 13일, 부산포에 당도한 왜군은 파죽지세(破竹之勢)로 한양을 향해 쳐들어오고 있었지요. 그리고 보름 후, 탄금대에서 배수진(背水陣)을 치고 결사 항전을 펼치던 신입 장군이 적과의 전투에서 패했다는 소식을 들었어요. 그 소식은 백성들에게 엄청난 충격이었지요. 휴……. 승리할 것이라고 굳게 믿고 있었던 신입 장군이 패배하자 한양은 그야말로 아수라장으로 변했지요. 왜군이 언제 도성으로 들이닥칠지 모르는

신숙주
조선 초기의 문신으로 세종 대왕 때 훈민정음 창제에 공을 세운 인물입니다.

기강
어떤 조직에서 지켜야 할 규칙이나 규율을 말합니다.

파죽지세
대나무를 쪼갤 때의 맹렬하고 강한 기세를 의미합니다. 이는 세력이 강해서 감히 대적할 상대가 없음을 비유한 말입니다.

탄금대
충청북도 충주시 서북부 대문산에 있는 명승지이지요. 우륵이 제자들을 가르치며 가야금을 타던 곳이기도 하고, 임진왜란 때 장군 신입이 싸우다 전사한 곳으로도 유명하답니다.

배수진
강이나 바다를 등지고 치는 진을 말하는데, 어떤 일을 하는데 더 이상 물러설 수 없음을 의미합니다.

결사 항전
죽기를 각오하고 있는 힘을 다해 적에 대항하여 싸우는 것을 말합니다.

혼비백산
몹시 놀라 넋을 잃은 사람의 심정을 비유한 말입니다.

절박한 상황이었지요. 선조 임금께서도 피난 보따리를 싸서 달아나야 할 상황이었으니…….

김딴지 변호사 1592년 5월 2일에 왜군이 한양을 점령한 게 맞나요?

광해군 그렇습니다. 당시 왜군이 부산에서 한양까지 점령하는 데 불과 30일도 채 안 걸렸어요.

김딴지 변호사 그렇군요. 당시 부산에서 한양까지 걸어서 30일 정도 걸렸다고 하던데요. 일본군이 아주 빨리 한양에 도착했군요?

광해군 네. 정말 당시 조정은 혼비백산(魂飛魄散)한 상태였어요. 이때 조정의 신하들이 머리를 맞대고 생각해 낸 방법이 분조(分朝)를 하자는 것이었습니다.

김딴지 변호사 분조라 하면 조정을 둘로 나눈다는 뜻인가요?

광해군 맞습니다. 다시 말해서 세자를 세움으로써 조선 왕조의 목숨을 두 개로 만들어 놓자는 것이었지요.

김딴지 변호사 아하, 그래서 급하게 원고를 세자로 책봉한 것이군요. 하지만 당시 원고 이외에 다른 왕자들도 있었을 텐데요.

광해군 아버지 선조 임금에겐 정실 왕비로 의인 왕후 박씨가 있었습니다. 그런데 두 분 사이에는 자식이 단 한 명도 없었어요. 그 대신 선조 임금과 후궁들 사이에서 낳은 아들들이 많았어요. 그 가운데 어머니 공빈 김씨와의 사이에서 낳은 장남이 임해군이었고, 차남이 바로 나였지요.

김딴지 변호사 선조와 정실 왕비 사이에서 낳은 아들이 한 명도 없

었다고요? 그럼 영창 대군은요?

광해군 의인 왕후가 몸이 약해 일찍 죽고 난 후에 선조께서는 인목 왕후를 맞으셨지요. 그 인목 왕후가 영창 대군을 낳았습니다만 그 일은 한참 후에 일어났지요.

판사 잠시만요, 궁금한 게 하나 있습니다. 그때 왕비의 아들은 없었

행적
어떤 한 인물의 행위나 자취를 말합니다.

지만 일단 후궁의 아들 중에서 첫째인 임해군이 세자가 됐어야 하는 게 맞지 않나요? 그런데 왜 둘째인 원고가 세자가 됐나요?

광해군 서열상으로는 당연히 임해군이 세자가 되는 게 맞습니다. 하지만 임해군은 성질이 난폭하고 왕의 자질이 없다는 논란이 많았습니다. 게다가 내가 세자가 된 것은 선조 임금께서 정하신 겁니다. 그 1년 전쯤에 한 신하가 세자 얘기를 꺼냈다가 괘씸죄로 조정 밖으로 쫓겨난 적이 있었어요. 그런 상황에서 누가 감히 후계자에 대한 말을 함부로 내놓겠습니까? 임금의 눈치도 보이고 자칫 잘못하면 나중에 괘씸죄로 화를 당할 수도 있다는 것을 모든 신하가 알고 있었습니다.

김딴지 변호사 존경하는 판사님, 그 부분에 대해서 제가 보충 설명을 해도 될까요?

판사 허락합니다.

김딴지 변호사 당시 선조와 신하들은 큰아들 임해군이 둘째 광해군에 비해 총명함이 뒤떨어진다고 생각했어요. 실제로 임해군의 행적을 살펴보면 이를 알 수 있는데요. 임해군은 자신이 거느리던 노비들에게까지 민폐를 끼쳐서 원망을 사기도 했지요. 나중에 임진왜란 중에 포로가 되어 조선 조정이 골치를 앓은 적도 있었는데요. 이를 보면 당시 임금과 신하들이 원고를 세자로 삼은 것은 조선의 앞날에 도움이 되는 합리적인 결정이었음을 알 수 있습니다.

2

광해군은 어떻게 어려움을 넘기고 왕이 됐을까?

판사 지금까지 원고 측 주장을 들어 보았습니다. 이에 대해 피고 측, 반론하세요.

이대로 변호사 네. 임해군의 부족한 성품 때문에 어쩔 수 없이 원고를 세자로 책봉한 것에 대해서는 문제를 제기하지 않겠습니다. 그러나 그 후에 ▶상황 변화가 있었지요. 정실 왕비에게서 영창 대군이 태어났습니다. 따라서 원고가 세자가 되었다고 해서 자동적으로 왕위에 오르라는 법은 없지요. 또한 중국 명나라에서 세자를 인정하지 않으려 했다는 점을 지적하고 싶습니다.

김딴지 변호사 존경하는 판사님, 지금 피고 측 변호인은 트집을 잡고 있습니다. 게다가 중국 명나라에서 원고를 세자로 인정하지 않으려는 태도를 이유로 내세우다니요. 그리고 영창 대군이 적자이긴 하나 세 살 된 어린 세자를 왕위에 올려야 했을까요? 지금 무엇보다 중요한 것은 광해군이 세자로서 어떤 활약을 했느냐는 것입니다. 세자 책봉의 정당성보다도 더 큰 정당성을 얻을 만한 활약을 했기 때문이지요.

판사 그렇군요. 원고는 세자로서 어떤 활약을 했나요?

김딴지 변호사 이 부분에 대해서는 원고에게 직접 들어 보는 것이 좋을 것 같습니다. 원고는 세자로 책봉될 때의 상황과 당시 원고가 취했던 행동을 말씀해 주시겠습니까?

광해군 네, 그때의 그 긴박한 상황은 지금도 생생합니다. 당시 나는 열여덟 살이었지요. 신입 장군의 패배 소식에 뒤이어 내가 세자로 책봉되었다는 소식을 듣게 되었지요. 세자 책봉 의식은 원래 『국조오례의』에 정한 절차대로 거창한 의식이 거행되어야 합니다만 상황이 긴박하여 그런 절차를 치를 때가 아니었습니다. 바로 선조 임금과 함께 경복궁을 떠나 피란길에 올라야 했으니까요. 아직도 생생합니다. 그날이 1592년 4월 30일 새벽이었습니다. 정말 정신없이 일이 진행되었지요.

김딴지 변호사 선조 임금이 한양을 버리고 피란을 갈 때 도성 안의 백성들이 분개해서 궁궐에 불을 질렀을 정도였습니다. 선조 임금이 한양을 떠난 후 원고는 어떻게 행동했지요?

광해군 네. 나는 상황이 나아지기를 바라면서 평양으로 가서 머물렀지요. 하지만 상황은 점점 악화되기만 했어요.

교과서에는

▶ 영창 대군은 선조의 계비인 인목 대비의 아들로 후궁의 아들로, 적통이 아니었던 광해군에게는 위협적인 존재였지요.

그때 선조께서는 나를 세자로 책봉한다는 교서를 다시 반포하시고, 임시로 나랏일을 다스리게 한다는 편지를 써 주셨어요.

김딴지 변호사 선조께서 원고에게 관직을 내리고 상벌을 내리는 권한까지 주셨다지요?

광해군 네. 그렇게 해서 조선의 조정은 둘로 나누어지게 됩니다. 나는 분조를 이끌고 영변, 운산, 희천, 덕천, 맹산, 곡산, 이천, 성천, 은산, 숙천, 안주, 용강, 강서 등의 평안도 지역과 함경도, 강원도와 황해도 등의 여러 지역을 옮겨 다니며 전쟁으로 인해 흩어진 민심을 수습하기 위해 온 힘을 쏟았지요.

김딴지 변호사 그렇습니다. 임진왜란 당시 원고의 활약은 정말로 대단했습니다. 원고는 직접 전쟁터로 나가 민심을 수습하고, 의병을 일으키고, 항전을 격려했지요. 또한 원고는 황해도 연안성을 사수해서 평양의 왜군을 고립시키는 데에 큰 활약을 펼쳤지요. 조선 역사상 세자 신분으로 험준한 산악에서 노숙을 하면서 전장에서 목숨을 걸고 고군분투(孤軍奮鬪)한 왕이 바로 광해군이었습니다!

반포
세상에 널리 퍼뜨려 모두 알게 하는 것입니다.

노숙
한데에서 자는 잠을 일컫는 말로, 한뎃잠이라고도 하지요.

고군분투
무리와는 따로 떨어져 도움을 받지 못하게 된 군사가 많은 수의 적군과 용감하게 싸우는 것을 말합니다.

김딴지 변호사는 마치 연설하듯 힘차게 말하자 법정에 있는 모든 사람들이 고개를 끄덕이며 조용히 귀를 기울였다.

김딴지 변호사 존경하는 판사님, 그리고 배심원 여러분! 조선 왕조 기간에 그토록 온몸으로 고생하며 나라를 지키는 데 분골쇄신(粉

분골쇄신
뼈를 가루로 만들듯이 몸을 부순다는 뜻으로, 몸이 부서지도록 정성을 다해 노력하는 모습을 비유한 말입니다.

骨碎身)한 세자가 누가 있습니까? 원고 광해군은 아버지인 선조 임금이 의주로 피신을 한 상황에서 몸소 전장에 나서서 조선의 조정이 살아 있음을 온 백성에게 확인시켜 주었지요. 이로 인해 백성들과 의병들은 희망을 버리지 않고 끝까지 왜적과 맞서 싸울 수 있었지요.

이대로 변호사 원고의 활약에 관해 무슨 증거라도 있습니까?

김딴지 변호사 당연히 증거 자료가 있지요. 판사님, 당시 상황을 분명하고 자세하게 보여 주는 증거를 제출하겠습니다. 『광해군 일기』 중초본에 나온 내용인데, 당시 옆에서 광해군을 직접 수행한 신하가 말한 것입니다. 이를 채택해 주시기 바랍니다.

판사 증거 자료를 받아들입니다. 증거 내용을 핵심 부분만 말씀해 주세요.

김딴지 변호사 1592년 6월 15일 선조는 영변부(寧邊府)에 있으면서 몇 명의 신하만을 거느리고 요동으로 건너갈 계획을 세우고, 모든 일을 광해군에게 떠맡기려 했습니다.

판사 잠깐만요, 요동으로 건너간다고요? 그 말은 임금이 한양만 버린 게 아니고, 나라를 버리고 남의 나라로 도망치겠다는 말입니까?

광해군 그게 그러니까, 참, 말씀드리기 그렇습니다만……. 선조께서는 조선에 최악의 상황이 닥치면 국경을 건너 중국으로 도망치려 했지요. 나 광해군에게 모든 것을 맡기고요. 물론 신하들이 극구 반대했습니다만, 아버님께서는 고집을 굽히지 않으셨지요. 그래서 할 수 없이 명나라에 그런 뜻을 살짝 비쳤더니 명나라 조정에서도 매우 당황스러워했지요. 명나라 조정에서는 선조 임금이 부득이하게 넘어오게 될 경우 조선의 피난민까지 따라 넘어오는 것은 막으라는 지침이 내려졌어요. 하지만 다행히 그런 일은 일어나지 않았습니다.

김딴지 변호사　다행이군요. 그런데 선조 임금이 왕위를 넘기겠다는 말을 해서 신하들을 곤란하게 한 적이 있다면서요?

광해군　네. 아버님께서는 앞일을 생각하여 요동으로 넘어갈 계획으로 나 광해군에게 왕위를 넘기겠다고 하셨습니다. 신하들로서는 강력히 만류할 수밖에 없었지요. 결국 아버님은 말을 거두면서 내게 분조를 이끌고 함경도로 떠나라고 명령하셨습니다.

김딴지 변호사　그렇군요. 기록을 계속 보겠습니다.

판사　좋습니다.

김딴지 변호사　원고 광해군은 험난한 길이었던 희천, 장동, 원홍을 지나 평전에 도달하게 되었습니다. 그때 산길이 험준하여 100리(39km) 길에 사람 하나 없는 곳에서, 나무를 베어 땅에 박고 풀을 엮어 지붕을 만들어 놓은 데에서 생활했습니다. 제가 알기로, 조선 역사상 어떤 세자도 이런 곤란한 일을 겪지 않았을 것입니다. 원고, 그렇지요?

광해군　내가 알기로는 그렇습니다만…….

김딴지 변호사　계속하겠습니다. 원고는 광성을 지나 강원에 도달하여 서북로의 장수와 병졸을 소집하여 회복을 도모하려 하였는데, 영(嶺) 위에 이르지 못한 상황에서 철관이 함락되고 지키는 군사가 하나도 없다는 소식을 들었습니다. 이에 광해군은 나무 아래에 앉아

격서
어떤 일을 여러 사람에게 알려 부추기기 위해 각처로 보내는 글로, 격문이라는 말도 사용합니다.

서 갈 방향을 의논…….

판사 김 변호사, 그렇게 기록을 모조리 읽을 필요는 없어요. 특별한 사항만 부탁드립니다.

김딴지 변호사 알겠습니다. 이천에서 머무른 그 이튿날 사방으로 격서를 보냈습니다. 사람들을 불러 모아 적을 무찌르자는 내용이었지요. 격서가 닿는 곳마다 인심이 일어나 고을의 백성들이 모여 의병을 일으켰습니다. 이리저리 흩어져 다니던 사대부들도 짚신을 신고 지팡이를 끌며 모여들었지요. 이와 같았으니 조선의 세력이 다시 회복되고 왕조가 안전할 수 있었던 것은 곧 원고가 이처럼 민심을 일으킨 결과가 아니겠습니까? 그로부터 조정의 명령이 사방으로 전달되어 백성들의 마음이 모두 돌아오게 되었지요. 결국 중흥의 기틀을 이룩했던 것입니다. 이것이 과연 누구의 공입니까? 분조를 이끌고 왕조를 지킨 광해군의 활약에 대해 실록은 이렇게 기록하고 있습니다. 이상입니다.

판사 알겠습니다. 피고 측 반론하시겠습니까?

이대로 변호사 물론입니다. 우선 원고 측의 발언은 과장이 너무 심합니다. 측근의 말을 기록했다면 아첨꾼일 텐데 그것을 어떻게 믿을 수 있겠습니까?

김딴지 변호사 뭐라고요? 그렇다면 이번에는 『선조실록』의 기사를 증거로 제출하겠습니다.

판사 또 다른 기록도 있나요? 요점만 간추려서 말씀해 주세요.

김딴지 변호사 시간이 없으니 핵심 내용만 낭독하겠습니다. 『선조

실록』 32년, 그러니까 1599년 8월 21일에 있었던 일입니다.

"광해(光海)는 총명하고 학문을 좋아했으며 예의 바르고 행실이 착했습니다. 그래서 모두들 좋아하고 존경했습니다. 병란이 일어난 후에는 이천, 성천 등지에서 흩어진 백성을 불러 모아 적군

군용
군사적 목적에 쓰는 돈이나 물건을 가리키는 말입니다.

의 선봉을 막아 냈고, 숙천, 용강 등지에서는 군량을 수송하여 군용에 끊어짐이 없었으며, 임금의 뜻을 받들어 전라도와 경상도로 나아가 군사일을 보게 하였는데 적절하게 잘 처리하였으므로 곧 황상의 특별한 칙명을 받아 군국의 일을 담당하게 되었습니다. 우리나라가 멸망에 이르지 않은 것은 결국 이 아들의 노력에 힘입었기 때문입니다."

간단하게 앞서 낭독한 기록을 정리하면 인품이나 행실이 세자로서의 자격이 있고, 왜란 중에 맹활약을 하여 나라를 구하는 데 큰 이바지를 했다는 내용입니다.

이대로 변호사　　이의 있습니다. 그 내용은 중국에 세자를 책봉해 줄 것을 사정하기 위해 문서로 쓴 것이라 아름답게 꾸며진 것이라고 할 수 있습니다. 그렇기 때문에 객관적 증거로서 문제가 있습니다.

김딴지 변호사　　아니, 이대로 변호사께서는 지금 제가 있지도 않은 얘기를 지어냈단 말입니까? 상식적으로 이러한 기록은 원고가 세자로서, 나아가 차기 임금으로서 자격이 있음을 분명히 밝힌 것이라고 봅니다. 이보다 더 명확한 평가가 어디 있겠습니까?

판사　　그렇다면 오히려 더 이상하군요. 그 정도 활약이 사실이라면 세자로서 자질을 유감없이 발휘한 것으로 볼 수 있을 것 같은데요. 더군다나 아버지 선조 임금의 신임도 얻었을 테니, 이제 왕이 되는 것은 너무도 자연스러운 것 아닙니까? 그런데도 왕위에 즉위하는

데 자격 시비가 계속 남았다는 것이 상식적으로 이해하기 어렵군요.

김딴지 변호사 세상 일이 그렇게 간단하지 않았습니다. 원고는 당시 명나라가 전쟁에 참가하면서 달라진 상황을 말씀해 주시겠습니까?

광해군 네. 잘 아시다시피 전쟁은 명나라까지 참전하게 되었습니다. 그리고 명나라가 전쟁 지휘권을 장악했어요. 이여송이 이끄는 명나라 군대는 평양 전투에서 왜군의 기세를 꺾고 남하할 수 있는 전환점을 마련했지만 무리하게 추격하다가 왜군의 역습에 크게 패배했지요. 그 후로 명나라는 더 이상 전투를 하지 않고 강화 협상을 통해 전쟁을 끝낸다는 생각으로 일을 진행시켰지요. 하지만 선조 임금과 조선 조정은 이에 동의할 수 없었어요. 이 기세를 몰아 왜군을 이 땅에서 신속히 내몰고 싶었던 것입니다.

김딴지 변호사 바로 그 대목에서 명나라가 '광해군'이라는 카드를 사용했군요?

광해군 네. 조선의 반발에 대해 명나라는 매우 고약한 방법을 사용했습니다. 명나라는 나의 활약을 칭찬하면서 슬그머니 왕위 교체론을 내놓았습니다. 명나라 황제의 이름으로 나의 아버님의 실패를 지적하고 나를 칭찬하는 편지를 보내기도 했지요. 칭찬받는 나도, 신하들도 민망하고 불편했지요. 왜냐하면 심기가 편치 않을 아버님의 눈치를 봐야 했으니까요.

김딴지 변호사 거참, 미묘한 분위기였겠군요. 그래도 조선 시대 때의 조선과 명나라의 관계를 보았을 때 명나라의 인정을 받았다면, 그 점은 원고가 왕위에 오르는 데 유리한 상황이 된 것이 아닙니까?

광해군　전혀 아닙니다.

김딴지 변호사　그 이유가 무엇이지요?

광해군　전쟁 기간 동안 나를 칭찬했던 명나라는 정작 전쟁이 끝난 후에는 태도를 바꿨지요. 내가 장남이 아닌 둘째라는 이유로 세자로 인정하는 것을 거부하기 시작했어요. 명나라 내부에도 황제 계승과 관련해 비슷한 상황이 펼쳐지고 있었기 때문이었습니다. 예전에는 아버님인 선조를 무시하고 나를 임금처럼 대하더니 이제는 나를 세자로조차 인정하지 않다니! 당시 조선에서는 세자를 결정하여 명나라에 알리면 명나라는 그냥 승인하는 게 관례였지요.

김딴지 변호사　그래도 그런 명나라의 태도보다는 우리 조정의 결정이 더 중요했을 것 같은데요. 특히 조선의 임금인 선조가 어떻게 생각하느냐가 제일 중요한 것 아닙니까? 선조로서도 달리 선택할 다른 대안이 없는 상황에서…….

광해군　바로 이때 강력한 변수가 발생했지요. 선조 임금의 첫 왕비인 의인 왕후 박씨는 전쟁이 끝나고 한양으로 돌아온 후 1600년(선조 33)에 46세의 나이로 돌아가셨습니다. 2년 뒤인 1602년 아버님께서는 연흥부원군 김제남의 딸을 새 왕비로 맞이하셨지요.

김딴지 변호사　그 사람이 바로 인목 왕후, 즉 장차 당신과 원수가 될 사람이었군요. 그때 인목 왕후의 나이가 몇 살이었나요?

광해군　열아홉 살이었습니다.

김딴지 변호사　그럼 신랑인 선조 임금과 아들인 원고의 나이는 몇 살이었나요?

광해군 아버지는 쉰하나, 나는 스물여덟 살이었습니다.

김딴지 변호사 그러니까 신부는 신랑보다 서른두 살이나 어렸고, 아들보다는 아홉 살이 어렸군요. 원고 입장에서는 본인보다 아홉 살이나 어린 인목 왕후를 어머니라고 모시기에는 좀 어색했겠군요. 참으로 안타까운 일입니다. 더욱 안타까운 것은 그 인목 왕후가 몇 년 후에 아들을 낳은 것이지요.

광해군 맞습니다. 동생 영창군이 태어났습니다.

이대로 변호사 어허! 이의 있습니다. 영창군이라니요? 영창 대군이라 부르세요! 또 인목 왕후라 말하지 말고 인목 대비라고 말하세요. 존경하는 판사님, 인목 대비는 1606년에 영창 대군을 낳았습니다. 드디어 유일한 적자를 얻은 것입니다. 영창 대군은 선조의 열네 명의 아들 중 막내이며, 유일한 적자였기 때문에 선조는 참으로 사랑했습니다. 사실이지요? 게다가 당시에는 적서 차별이 엄연한 현실 아니었습니까? 적서 차별! 원고도 아시지요?

광해군 물론 알죠. 소설 『홍길동전』에 나오듯이, 홍길동이 아버지를 아버지라 부르지 못하고, 형을 형이라 부르지 못한 이유는 정실 부인이 낳은 아들인 적자가 아닌 서자이기 때문입니다. 참 나쁜 관습이었지요.

이대로 변호사 이제 상황이 달라진 것입니다. 영창 대군이야말로 순수한 적자였습니다. 왕위를 잇는 데 한 점의 결함도 없었으며 선조의 사랑을 듬뿍 받았었습니다. 광해군은 어디까지나 영창 대군이 등장하기 전에 왕위를 계승할 후보였을 뿐입니다. 이상입니다.

판사 잘 들었습니다. 원고 측 변호인 할 말 있나요?

김딴지 변호사 네. 아무튼 선조 임금은 늘그막에 새장가를 들어 참으로 골치 아픈 분란의 씨앗을 남겨 놓았습니다. 아니, 비극의 씨앗이었습니다. 그렇다고 한번 정해진 세자를 바꾼다는 것 또한 쉽지 않은 일이라고 생각합니다. 이상입니다.

판사 그렇군요. 그렇다면 매우 복잡한 상황에서 원고는 어떻게 임금이 되었나요?

이대로 변호사　판사님, 적자가 있는데도 서자가 왕위에 오른 것은 대북파의 농간이었습니다.

판사　'대북파'요? 동인, 서인, 남인, 북인은 들어 보았어도 대북파라는 말은 처음 들어 보는군요. 도대체 붕당(朋黨)의 종류가 너무 많아서 참 이해하기 힘들다니까요.

붕당
사림 세력 중에서 스승, 지역, 세대 등이나 학문적 또는 정치적 입장에 따라 대립하고 다투는 무리를 말합니다.

김딴지 변호사　왕위를 물려주는 것이 나랏일인데, 이것이 어찌 집안일과 같겠습니까? 당시 정치적 상황에 관해서는 어느 정도 이해가 필요합니다. 당시 몸소 정치를 했던 원고로부터 들어 보기로 하겠습니다. 먼저 처음 사림 세력이 분열하여 동인과 서인으로 나뉜 때를 설명해 주시지요. 그게 어느 때부터였지요?

광해군　네. 선조 임금 때는 이른바 사림이 완전히 조정을 장악했지요. 몇 번의 사화를 거치면서 훈구 세력에 의해 배척도 당했지만 세월이 흘러 결국 정치적으로 승리를 하게 된 것이지요. 그런데 사림 일색으로 조정이 바뀌자 여기서 또 분열이 생겼습니다. 이를 붕당이라 하는데, 처음 생긴 것은 서인과 동인이지요.

김딴지 변호사　서인과 동인은 어떻게 달랐나요?

광해군　서인은 상대적으로 선배 사림들로 이루어진 모임인 데 반해 동인은 상대적으로 젊은 사림들로 이루어진 모임이라고 할 수 있습니다. 시간이 흘러갈수록 젊은 선비들의 모임인 동인이 점차적으로 우세해졌습니다.

이대로 변호사　동인이 우세해지자 온갖 인물들이 동인으로 붙기

율곡 이이
이이는 조선 중기의 유학자이자 정치가로 자는 숙헌(叔獻), 호는 율곡(栗谷)·석담(石潭)·우재(愚齋)입니다. 이이는 『동호문답』, 『성학집요』 등의 저술을 남겼으며 〈만언봉사〉·〈시무육조〉 등을 통해 조선 사회의 제도 개혁을 주장했지요. 어머니 사임당(師任堂) 신씨도 유명하답니다.

종장
정신적 지도자를 말합니다.

장계
왕명으로 지방에 나가 있는 신하가 자기 관하의 중요한 일을 왕에게 보고하는 일 또는 문서를 말하지요.

기축옥사
1589년에 정여립이 반란을 계획했다는 혐의로 이와 연루된 동인 1,000여 명이 처벌받은 사건입니다.

시작했습니다. 일찍이 율곡 이이가 나서서 양쪽 세력을 조정하려 했는데, 동인들은 기고만장해서 이이를 서인 편이라고 몰아붙였어요. 이이의 교유 관계가 서인과 연계성이 있긴 하지요. 나중에는 서인에서 종장(宗長)으로 추대했지요.

김딴지 변호사 아니, 이 변호사 지금 역사적 사실을 얘기하는데 아무리 피고가 서인 쪽 사람이라고 해도 벌써부터 서인 편에서 동인을 저속하게 표현하는 겁니까? 사림들을 신뢰했던 이이는 양 세력을 조정하려 애썼지만 별 효과를 보지 못한 채 상대편을 편든다며 되레 양쪽에서 비난을 받았습니다. 선조 임금은 이런 다툼을 한편으론 한탄하면서도, 한편으론 왕권을 강화하는 데 이용했습니다. 서인은 일찍부터 음모와 조작에 능한 정치의 실력을 유감없이 보여 주었습니다. 바로 정여립 사건이 그것이지요. 정여립 사건에 대해서는 원고가 설명해 주세요.

광해군 네. 1598년(선조 22) 10월 2일, 비밀 장계가 올라왔습니다. 정여립이 모반을 꾀하고 있다는 내용이었습니다. 정여립은 이이, 성혼의 문하로 서인과 친하게 지내다 이이가 죽자 동인으로 당을 바꾼 자입니다. 장계는 황해 감사가 올린 것이었는데, 황해도 지역의 수령들은 절반이 서인이었지요.

김딴지 변호사 바로 '기축옥사'라 불리는 그 사건이군요. 이 사건의 처리 책임자가 바로 서인의 정철이었다는 점을 주목해야 합니다.

그렇다면 이 사건은 어떻게 처리되었나요?

광해군 진상이 모호하고 조작의 냄새가 물씬 풍기는 이 사건으로 3년 동안 죽은 자가 무려 1,000여 명이 넘었습니다. 정철과 서인들이 평소 마음에 안 든 사람들을 옭아매서 죽인 것이지요. 서인이 동인을 제거하는 데 한껏 이용한 것입니다. 당시 억울하게 죽은 사람들이 정말 많았습니다.

김딴지 변호사 정여립 사건 이후 서인들이 주도권을 쥐었습니다. 그런데 잘나가던 정철이 기어이 선조 임금의 심기를 건드리고 말았지요. 그게 무슨 사건이었지요?

광해군 선조 임금에게 세자를 세울 것을 건의한 것입니다. 아버님께서는 "내가 멀쩡하게 살아 있는데, 세자를 세우자니 도대체 어쩌자는 것이냐?"라고 호통을 치며 불쾌해 하셨습니다. 그리고 정철이 선조의 미움을 받자 동인이 이 틈을 이용하여 서인에 대한 공세를 시작했습니다.

김딴지 변호사 바로 이 대목에서 북인과 남인이 갈렸나요?

광해군 이때 정철뿐만 아니라 서인들을 대거 처벌해야 한다는 강경파와 그 범위를 가능한 줄여야 한다는 온건파로 갈렸습니다. 강경파는 이발, 이산해, 정인홍 등이었고, 온건파는 유성룡, 김성일, 우성전 등이었습니다.

김딴지 변호사 남인, 북인의 이름은 어떻게 정해진 것인가요?

광해군 이발은 북악산 아래 살고 있어서 그의 무리를 북인이라 불렀고, 우성전은 남산 아래 살고 있어서 그의 무리를 남인이라 불

시비
옳음과 그름을 따지는 것을 말합니다.

렸습니다.

김딴지 변호사 그렇다면 단순히 개인적인 감정 대립으로 동인이 남과 북으로 갈렸다는 말씀인가요?

광해군 꼭 그렇지는 않아요. 본디 서인은 이이와 성혼의 제자들을 중심으로 결집되어 있었던 반면에, 신진 사림 세력으로 시작되어 세력이 커진 동인은 그 구성원이 잡다했습니다. 그러나 동인을 자세히 들여다보면, 퇴계 이황의 학문을 이어받은 유성룡 등과 같은 사람들, 남명 조식의 학문을 이어받은 정인홍과 같은 사람들, 화담 서경덕의 학문을 이어받은 사람들 등으로 구분할 수 있지요. 이황과 조식은 각각 경상 좌도와 우도를 대표하는 학자로서 학문적 경향이 사뭇 달랐습니다. 이황의 문인이거나 이에 동조하는 사람들이 남인이었고, 조식이나 서경덕의 문인이거나 이에 동조하는 사람들이 북인이었습니다. 북인들은 시비(是非)에 엄격하고 실천을 중시하는 조식의 영향인지 강경했던 반면에 남인들은 온건했습니다.

김딴지 변호사 그래서 정계는 서인, 남인, 북인이 서로 대립하는 관계로 개편되었군요. 이러한 대립 관계는 임진왜란 중에도 계속되었나요?

광해군 그런 셈이지요. 단적인 예를 들자면 일본의 정세를 살피고 돌아온 통신사들의 전쟁 예측 보고가 서로 엇갈렸습니다. 그때 '전쟁이 일어날 위험이 없다'라고 보고한 김성일이 바로 동인이었습니다. 이런 보고가 개인적 소신에 의한 것이어서 꼭 당색과 관련된 것은 아니지만, 이런저런 이유로 서인들이 동인들을 공격할 수 있게

되었지요. 다만 남인인 유성룡은 이항복이 두둔하여 조정에 남아서 전쟁을 총지휘했습니다.

판사 유성룡은 이순신을 천거했던 인물 아닙니까? 『징비록』이란 책도 남겼고요. 원고 계속 말씀하세요.

광해군 전쟁이 오래 가자 명나라와 일본 사이에 **화의론**이 오갔는데, 남인의 유성룡과 서인의 성혼이 찬성했습니다. 그러나 대세는 전쟁을 계속해야 한다는 분위기가 팽배했습니다. 어찌 원수들과 화

화의론
전쟁을 멈추고 화친을 하자는 논의를 말합니다.

친을 할 수 있느냐는 것이었지요. 이런 분위기 속에서 남명 조식의 영향으로 의병장을 많이 배출한 북인 세력이 정국의 주도권을 쥐게 되었습니다.

김딴지 변호사 그런데 서인이 이이를 학문적 지도자로 삼고, 남인이 이황을 학문적 지도자로 삼아 학연으로 뭉친 데 비해, 북인들은 조식이나 서경덕과 연결되긴 하지만 학연으로 순수하게 뭉쳐 있다고 보기에는 곤란한 것 아닙니까?

광해군 맞습니다. 북인들은 좀 복잡하게 섞여 있어서 언제든지 또 갈라질 소지가 있었지요.

판사 그런데 대북은 언제 등장합니까?

광해군 네. 이제 대북이 등장합니다. 화의론을 주장한 유성룡이 물러나고 북인이 정권을 잡자 북인은 또 대북과 소북으로 분열되었습니다. 소북파의 우두머리는 유영경이고, 대북파의 우두머리는 이산해와 정인홍이었습니다.

김딴지 변호사 동은 남북으로 나뉘고, 북은 다시 대소로 나뉘었군요. 아무튼 북인이 집권했습니까?

광해군 아뇨. 정권은 왔다 갔다 했습니다. 선조 임금께서는 왕권 강화에 당파의 대립을 잘 이용했습니다. 정권은 잠시 서인에게 갔다가 다시 북인에게 돌아왔지요. 소북파의 우두머리 유영경이 이조 판서가 되어 인사권을 쥐면서 정인홍이 대사헌이 되었지요. 정인홍, 기자헌, 이이첨 등은 대북파로, 유영경, 남이공 등은 소북파로 나뉘어 치열하게 권력 투쟁을 벌인 결과 유영경이 영의정이 되면서 대북파를 몰아냈습니다.

김딴지 변호사　　그렇군요. 그렇다면 이제 선조 임금이 돌아가실 무렵의 일을 말씀해 주시겠습니까? 하필 그때 영의정이 유영경이었지요. 그는 광해군 대신 영창 대군을 지지했던 인물이 아닌가요?

광해군　　네. 아버님은 1607년 병석에 드러누웠지만 나에 대한 신임은 변함이 없었습니다. 〈비망기〉를 통해 내게 왕위를 넘기라는 지시를 했으니까요. 그런데 유영경이라는 신하가…….

광해군은 당시 상황을 생각하자 분노가 솟구치는지 두 주먹을 꽉 쥐고 더 이상 말을 잇지 못했다.

김딴지 변호사　　제가 원고 대신 말씀드리지요. 유영경이라는 신하가 선조의 눈치를 살피면서 주제넘게 나서서 방해 공작을 했습니다. 어떤 기록에 의하면, 광해군에게 왕위를 넘기라는 선조의 〈비망기〉를 유영경이 숨겨 버렸다는 얘기도 있습니다. 그런데 원고는 이런 어려운 상황을 어떻게 극복했지요?

광해군　　이런 위기의 상황에서 정인홍이 선조에게 상소를 올려 광해군에게 왕위를 물려주고 몸조리에 전념하라고 건의하면서 유영경을 처단하라고 주장했습니다. 정인홍이 아니었으면, 유영경의 농간에 놀아날 뻔했지요.

이대로 변호사　　무슨 소리입니까? 이미 선조의 마음은 광해군에게서 떠나 있었습니다. 선조는 그 당시 정인홍을 귀양 보내고 유영경

문전박대
인정 없이 몹시 쌀쌀맞고 모질게 대하는 것을 말합니다.

을 두둔하지 않았습니까? 이 사실만큼 선조의 마음속을 드러내는 일이 또 어디 있겠습니까? 선조가 병석에 계실 때 원고가 문병을 갔을 때도 문전박대(門前薄待)를 받은 일이 없었던가요?

광해군 있었습니다.

이대로 변호사 15년이 넘도록 세자로 지냈던 당사자야 인정하고 싶지 않겠지만, 선조 임금의 마음이 바뀐 것이 분명했습니다. 선조 임금은 광해군이 명으로부터 세자로 인정받지 못하고 있는 점도 고려했을 겁니다.

판사 이대로 변호사! 발언권도 없이 신문을 한 것에 대해 경고합니다. 주의하세요!

이대로 변호사 죄송합니다. 주의하겠습니다.

판사 원고 측 변호인은 원고 신문을 계속하세요.

김딴지 변호사 네. 피고 측 변호인은 선조의 마음을 어찌 그리도 잘 아시는지 궁금하네요. 선조가 세상을 뜨고 나서 공개된 유언장에는 광해군이 왕위에 오르는 대세를 부정하는 어떤 의사도 표명한 바가 없었습니다. 그것은 영창 대군의 어머니요, 당시 궁중의 최고 어른이었던 인목 왕후도 인정한 것 아닙니까? 원고, 맞지요?

광해군 네. 그런 것은 없었습니다. 인목 왕후께서도 인정했고요.

김딴지 변호사 인목 왕후가 자신의 어린 아들인 영창 대군을 보호하고자 현실적으로 원고 광해군을 인정했을지 모르겠습니다만, 선조가 다른 얘기를 남겼으면 어찌 문제가 되지 않았겠습니까? 원고가 왕위에 오를 자격이 있었다느니 없었다느니 하는 것은 일고의 가치가 없는 얘기입니다. 세자인 원고가 왕위에 오른 것은 지극히 당연한 결과라고 생각합니다. 이상입니다.

판사 잘 들었습니다. 그러면 첫째 날 재판은 여기에서 마치도록 하겠습니다. 모두 수고하셨습니다.

땅, 땅, 땅!

열려라,
지식
창고

붕당과 당쟁

조선 시대에는 사대부의 무리인 '사림(士林)'들이 정치를 했습니다. 이들은 지방에 토지를 갖고 있었고, 성리학을 공부한 사람들이었습니다. 사림들은 중앙의 오래된 신하들에게 도전했다가 네 차례에 걸친 사화(士禍)로 고통을 받았지만 선조 때에 이르러서는 조정을 장악하게 되었습니다. 그러자 사림들이 동인과 서인으로 나뉘었습니다. 이렇게 사림들은 붕당(朋黨)을 이루어 정치를 하게 되었습니다.

그렇다면 붕당이 발생하게 된 원인은 무엇일까요? 학문적 견해, 지역별 인식의 차이, 학문적 스승과의 관계 등이 작용하여 정치적 견해와 이해관계가 달랐기 때문입니다. 사림들은 붕당을 통하여 의견을 모으는 한편 활발하게 의견을 내놓아 서로를 비판하고 견제함으로써 권력의 남용을 억제했습니다. 그러나 당쟁, 즉 붕당 사이의 대립 투쟁이 심해지는 등의 단점이 발생하기 시작했습니다.

사림은 처음에는 동인, 서인으로 나누어졌고 동인은 또다시 남인과 북인으로 분열했습니다. 광해군 때 북인이 몰락하자 남인과 서인은 서로 경쟁하게 되었습니다. 숙종 때 서인이 주도권을 갖게 되자 서인 내부에서 다시 노론과 소론으로 분열했습니다. 붕당끼리 때로는 힘을 합치기도 했고, 때로는 옥사를 일으켜 상대 붕당에 속한 사람들을 죽이기도 했습니다. 붕당 후기에는 점차 그 폐해가 커지자 이를 반성하자는 분위기가 조성되어 영조 때에는 임금이 당파 간의 균형을 조절하는 탕평책을 실시하게 되었습니다.

다알지 기자

시청자 여러분, 안녕하세요? 역사공화국 법정 뉴스의 다알지 기자입니다. 저는 광해군 대 이귀의 역사적인 재판이 열리는 한국사법정에 나와 있는데요. 이제 막 첫째 날 재판이 끝났습니다. 오늘 재판에서는 주로 광해군이 어떻게 세자가 되었고, 어렵게 왕위에 오른 과정이 원고 측 변론으로 진행되었습니다. 아직 열띤 공방은 벌어지지 않았는데요. 재판 첫째 날인 오늘은 원고와 피고를 모시고 앞으로 재판에서 주장할 내용이나 재판에 임하는 각오에 대해서 들어 보도록 하겠습니다. 자, 원고와 피고는 승소를 위해 특별히 준비한 전략이 있으면 살짝 귀띔을 해 주시면 좋겠습니다. 그럼 원고 광해군부터 말씀해 주시겠습니까?

광해군

내게는 특별한 전략이란 없습니다. 이미 여러 분들이 잘 알고 있는 내용에 대해서 제대로 평가받기만 해도 승소할 수 있다고 생각합니다. 첫째 날 재판에서는 임진왜란 때 세자로서 전선에서 몸소 활동했다는 점을 밝혔습니다. 앞으로 열릴 재판에서는 전쟁으로 황폐해진 나라를 다시 일으켜 세우고 떨어진 왕조의 위엄을 회복하려 했다는 점, 소용돌이치는 동북아 국제 정세 속에서 최대한 현명하게 대처하려 했다는 점 등을 밝힐 것입니다. 좀 더 구체적으로 말하자면, 백성을 위해 대동법을 시행했고, 허균으로 하여금 『동의보감』을 편찬하도록 했으며, 왜란으로 무너진 조선의 궁궐을 복구했습니다. 일본과 다시 국교를 회복하고, 명나라와 후금 사이에서는 한쪽으로 너무 치우치지 않는 외교를 통해 실리를 얻도록 노력했습니다.

이귀

광해군이 왕으로서 잘한 것이 왜 없겠습니까? 전쟁으로 황폐해진 나라를 추스르는 데 노력한 점은 인정하지만, 임금의 권위를 올리는 데 지나치게 신경을 쓴 것이 문제였다고 봅니다. 잦은 옥사가 일어나 인재들은 조정을 떠났고 권세가와 아첨꾼들만 조정에 남았습니다. 지나친 궁궐 공사로 나라와 백성들의 부담이 늘어났습니다. 또한 형과 동생을 죽이고 어머니를 몰아냈습니다. 또한 임진왜란 때 군사를 보내 우리 조선을 도와준 명나라의 은혜를 배반했습니다. 아무리 실리를 추구한다고 이런 신의를 저버리다니요! 이번 재판은 광해군의 명예 회복이 아니라 내가 일으킨 반정의 정당성을 다시 한 번 확인하는 기회가 될 것입니다.

대동법
시행

재판 둘째 날

임금 광해군이 남긴 업적은 무엇일까?

1. 광해군은 왜 대동법을 실시했을까?
2. 광해군은 왜 『동의보감』을 편찬하게 했을까?
3. 광해군은 왜 중립 외교를 펼쳤을까?

교과 연계

한국사
II. 고려와 조선의 성립과 발전
2. 유교 정치의 이상을 꽃피운 조선
(5) 동아시아 정세 변화로 왜란과 호란이 일어나다

1 광해군은 왜 대동법을 실시했을까?

판사 두 번째 재판을 시작하겠습니다. 첫째 날 재판에서는 적자도 장남도 아닌 원고 광해군이 어떻게 세자가 되었고, 왕위에 올랐는지 알아보았습니다. 원고는 임진왜란이라는 특수한 상황에서 세자가 되었고, 이때 활약한 것이 바탕이 되어 어려운 난관을 극복하고 왕위에 오른 사실을 알 수 있었습니다. 그러면 오늘은 원고 광해군의 치적(治績)에 대해 살펴보겠습니다. 오늘 재판을 위해 원고 측은 증인을 세 명이나 신청했습니다. 준비를 많이 한 듯한데 알찬 변론을 기대하겠습니다. 그럼, 원고 측 변호인부터 시작하세요.

김딴지 변호사 네. 오늘은 본 사건과 관련해서 가장 중요한 광해군의 치적을 살펴보도록 하겠습니다. 치적이 어디 한두 가지겠습니까마는, 오늘 재판에서는 세 가지로 간추려 중요한 것만 보도록 하겠습니다. 첫째, 대동법 실시입니다. 둘째, 『동의보감』 편찬을 비롯한 전후 복구 사업입니다. 셋째, 밖으로 급변하는 국제 정세에 실리적으로 대처한 중립 외교입니다. 이를 통해 광해군이야말로 조선 시대에 몇 안 되는 훌륭한 임금임을 알 수 있을 것입니다.

치적
정치적으로 쌓은 업적을 말합니다.

천거
조선 시대에 어떤 일을 맡아서 할 수 있는 사람을 그 자리에 쓰도록 하거나 추천하는 임용 제도를 말합니다.

판사 좋습니다. 증인을 셋이나 신청했던데, 첫 번째 증인은 이원익이 맞습니까?

김딴지 변호사 그렇습니다.

판사 증인은 앞으로 나와 선서를 해 주시기 바랍니다.

증인은 천천히 걸어 나와 선서를 했다. 차분하고 평온해 보이는 분위기가 그의 나이를 짐작할 수 있게 했다. 김딴지 변호사는 증인 곁으로 다가가 눈인사를 했다. 이에 증인은 꼿꼿한 자세로 자리에 앉은 뒤 답례를 했다.

김딴지 변호사 이렇게 나와 주셔서 감사합니다. 간단한 자기소개를 부탁드립니다.

이원익 나는 1547년(명종 2)에 태어나 1634년(인조 12)까지 살았던 문신 이원익입니다. 조선 태종의 아들 익녕군 이치의 4대손입니다. 1569년(선조 2)에 문과에 합격해서 벼슬길로 나가게 됐습니다. 이이 스승님에게 인정을 받아 요직에 천거되었지요. 임진왜란 때에는 평양을 탈환하는 데 공을 세우기도 했고 그 후 영의정으로도 일했습니다.

김딴지 변호사 증인은 임진왜란 중에 이순신 장군이 곤경에 처해 있을 때 그를 두둔한 적도 있지요?

이원익 네, 그런 적이 있습니다.

김딴지 변호사 광해군 즉위 후에도 영의정을 지냈고요?

이원익 네, 모두 맞습니다.

김딴지 변호사 그렇군요. 존경하는 판사님 그리고 배심원 여러분, 증인은 남인으로 분류되는 신하였습니다. 서인들은 광해군 정권을 대북 정권이라 말했는데요. 보십시오. 원고는 증인 이원익을 영의정으로 기용했습니다. 어느 한쪽에도 치우치지 않은 현명한 조치였습니다. 이는 당파를 초월하여 큰 정치를 하겠다는 광해군의 의지가 있었기에 가능했던 일입니다. 맞지요?

이원익 네.

김딴지 변호사 ▶원고의 업적 중에서 대동법을 알아보기 전에 조선 시대의 조세 제도에 대해 알아볼 필요성이 있다고 생각합니다. 당시 조세 제도는 어땠나요?

이원익 당시 조선 시대 조세를 정리하면, 다음의 세 가지였습니다. 첫째, 땅을 경작하여 거둔 곡식의 일부를 내야 했습니다. 이것을 '전세'라 불렀지요. 둘째, 관에서 필요한 물건을 만들어 내야 했습니다. 이것을 '공물'이라 했지요. 셋째, 사람이 직접 나와 일꾼으로든 병사로든 얼마 동안 일을 해야 했습니다. 군사 일은 '군역, 나머지 일은 '요

교과서에는

▶ 조선 재정의 토대를 이루는 것은 수취 제도이지요. 조선의 수취 제도는 토지에 부과되는 조세와 각 집마다 부과되는 공납, 호적에 등재된 정남에게 부과되는 군역, 요역 등이 있었지요.

역'이라 했습니다.

김딴지 변호사 공짜로 해 준 건가요?

이원익 네, 맞습니다. 그리고 세 가지 가운데 공물 거두는 제도가 가장 문제점이 많았습니다. 왕실과 관청에서 필요한 물품을 공물이라는 이름으로 각 지방에서 현물로 거두어들였습니다. 자기 고장에서 나는 토산품이 아닌 것도 구해서 바쳐야 하니 백성들에게 여간 어려운 일이 아니었습니다. 그렇다 보니 그런 물품을 도맡아서 마련하는 사람이 생겨났습니다.

김딴지 변호사 요즘으로 말하면, 대행업체라고 할 수 있겠네요?

이원익 그렇습니다. 농민 대신 그 물품을 마련해 관아에 바치고 그 대가로 농민에게 곡식을 받는 것입니다. 옛날이나 지금이나 세상에 공짜는 없는 법입니다. ▶그들은 그 대가로 농민들로부터 곡식을 받았지요. 이를 '방납'이라고 합니다.

김딴지 변호사 방납을 통해 공물을 바치고 농민은 원래 하던 농사만 지으면 되니 편리해진 게 아닌가요?

이원익 방납하는 사람이 생겨서 편리해지긴 했지요. 그런데 이에 따른 폐해가 또 생겼습니다. 방납하는 사람이 그 대가를 터무니없이 많이 요구하는 것입니다. 방납하는 사람이 관리들과 짜고 백성을 괴롭히는 결과를 가져왔습니다. 뭔가 조치가 필요하게 되었지요.

김딴지 변호사 아! 그것이 바로 대동법의 배경이 됐다고 봐도 되나요?

이원익 그렇습니다.

김딴지 변호사 그렇다면 대동법을 시행하게 된 경위를 말씀해 주세요.

이원익 네. 이런 상황에서 광해군이 즉위하자 마침 호조 참의 한백겸이 전에 잠깐 실시한 적이 있었던 대공수미법을 제안했습니다. 이를 받아 영의정이었던 내가 1608년 5월에 건의했습니다. 원고인 광해군이 이를 받아들여 우선 경기도 지역에 한정하여 실시할 것을 명했습니다. 그래서 9월부터 실시했는데, 중앙에는 선혜청(宣惠廳), 지방에

교과서에는

▶ 16세기에는 중앙 관청의 서리들이 백성들 대신 공물을 내고 그 대가를 많이 챙기는 방납이라는 폐단이 나타났지요. 이로 인해 고향을 떠나 떠돌아다니는 농민들이 증가했지요.

는 대동청(大同廳)을 두어 이를 관리했습니다.

김딴지 변호사 '선혜'라면 백성들에게 은혜를 베푼다는 의미군요. '대동'이란 다 함께 잘 살자는 뜻이고요. 구체적 내용은 어떤 것이었습니까?

이원익 경기도에서 시행한 것을 설명해 보겠습니다. 세율을 봄과 가을 2기로 나누어 토지 1결(結)에 8말씩, 도합 16말을 거두었습니다. 그 가운데 14말은 선혜청으로 보내고 2말은 군현에서 사용했습니다. 공물을 현물로 걷는 대신 일정한 쌀만 내도록 간소화시킨 것이지요. 결과적으로 공물과 잡역과 관청의 경비까지 합쳐 토지 1결에 쌀 16말을 바치면 되었지요.

김딴지 변호사 공물로 쌀만 내면 되었고, 토지에 따라 내야 할 것이 정해졌으니 정말 간편해졌네요. 혹시 반대하는 사람은 없었나요?

이원익 반대가 왜 없었겠습니까? 반기는 사람보다 더 많은 이들이 반대했지요. 일반 백성들에게는 부담이 줄어들어 감세 조치였지만, 경작지를 가진 부자들에게는 부담이 커지는 증세 조치였습니다. 그래서 서민들은 환영했고, 부자들은 반발했지요. 처음에 경기도만 시행한 것도 반발이 컸기 때문이지요.

김딴지 변호사 대동법을 시행한 결과는 어땠나요?

이원익 이 조치의 정당성은 의심할 여지가 없었어요. 나중에 서인 정권이 들어서도 대동법은 계속되었을 뿐만 아니라 더 확대해서 실시됐으니까요.

김딴지 변호사 이 정책이 증인이 영의정일 때 시행되었다는 것이

지요. 그때 임금은 누구였습니까?

이원익 바로 원고 광해군이었습니다.

김딴지 변호사 그렇군요. 원고에게 묻겠습니다. 증인의 진술이 사실인가요?

광해군 모두 사실입니다.

김딴지 변호사 광해군은 이렇게 대동법을 실시했을 뿐 아니라 1611년 양전(量田)을 실시해 재원(財源)을 확보해서 국가 재정을 튼튼히 하는 데 힘썼습니다. 지금도 한국사 책들은 빠뜨리지 않고 대동법을 최초로 실시한 왕으로 광해군을 기록하고 있습니다. 이는 원고가 훌륭한 임금이었다는 것을 의미합니다. 이상입니다.

판사 그럼, 피고 측 변호인 반대 신문 하세요.

이대로 변호사 네. 우리는 그런 일까지 시시콜콜 따지고 싶지 않습니다. 다만 증인에게 증인의 신변 상황에 관해서 한두 가지만 묻겠습니다. 원고가 형 임해군을 처형하려고 할 때 증인은 반대했고, 원고가 말을 듣지 않자 그만둔 적이 있지요?

이원익 네.

김딴지 변호사 이의 있습니다. 피고 측 변호인은 본 재판과 관계없는 질문을 하고 있습니다.

이대로 변호사 왜 관계가 없습니까? 원고의 명예를 회복하려면 정확하게 다 밝혀야지요. 또한 원고가 인목 대비를 폐위할 때 증인은 격렬히 반대하는 상소를 올린 적이 있나요?

이원익 그렇습니다……. 나는 그 상소를 올리고 나서 유배를 가게 됐습니다.

이대로 변호사 이상입니다.

김딴지 변호사 존경하는 판사님, 제게 발언할 기회를 주십시오!

판사 좋습니다.

김딴지 변호사 감사합니다. 증인 이원익은 다섯 차례 영의정을 지냈으면서도 재산을 전혀 모으지 않아, 청백리로 꼽힌 분입니다. 정치적 입장에 따라 어려움을 겪기도 했지만, 그렇다고 원고와 증인이

양전
조선 시대 때 토지의 실제 경작 상황을 파악하기 위하여 실시했던 일종의 토지 측량 제도를 말합니다.

재원
정부의 재정 수입이 되는 것을 말합니다. 주로 국민들이 내는 조세가 이에 해당됩니다.

한 일이 달라질 수 없습니다. 광해군 때 영의정으로서 대동법이라는 중요한 정책을 시행했고, 이는 광해군의 용기와 결단력이 있었기 때문에 가능했지요. 백성이 공물을 바치느라 겪는 고통을 덜어 주려고 과감한 개혁을 한 것입니다. 이상입니다.

판사 잘 들었습니다. 증인은 이제 내려가셔도 좋습니다.

농민의 부담을 줄여 준 대동법

대동법이란 조선 후기에 백성들로 하여금 공물 대신 쌀을 내게 한 제도를 말합니다. 조선 전기에는 나라에서 쓸 물품이나 각 지방의 특산물, 즉 공물을 집집마다 바치도록 했습니다. 이것을 공납 제도라고 합니다. 그러나 주로 곡식 농사를 짓는 백성들이 해당 물품을 구하기가 쉽지 않았습니다. 또한 공물의 부담도 공평하지 않은 경우가 많았습니다.

그래서 구하기 힘든 물품을 중간에서 도맡아서 마련해 주는 사람들이 생겼지요. 이러한 사람들은 농민들을 대신해서 그 물품을 관아에 바쳤습니다. 그리고 그 대가로 농민들로부터 곡식을 받았지요. 이것을 무엇이라고 할까요? 이를 방납(防納) 또는 대납(代納)이라고 했지요.

방납으로 인해 농민들의 생활은 한결 나아졌을까요? 오로지 방납만 하는 사람이 생겨서 농민들은 예전보다 편리하기도 했습니다. 그러나 방납의 대가를 터무니없이 많이 요구하는 폐해를 낳았습니다. 또한 방납하는 사람이 자기네 물품을 팔기 위해서 미리 관리들과 짜는 일도 발생했습니다.

방납으로 인해 여러 문제가 발생하자 율곡 이이는 1569년(선조 2)에 『동호문답(東湖問答)』에서 공물 대신 쌀을 바치는 대공수미법(貸貢收米法)을 제안했습니다. 그리하여 일본과 전쟁이 잠시 가라앉았던 1594년(선조 27)에 영의정 유성룡의 건의로 잠시 대공수미법이 시행된 적도 있습니다. 그리고 광해군이 왕이 된 후 호조 참의 한백겸과 영의정 이원익이 대공수미법을 발전시킨 대동법을 실시할 것을 강력히 건의했습니다. 이에 광해군은 1608년 5월에 경기도에서 대동법을 실시할 것을 명했습니다. 이때 선혜법(宣惠法)이라는 이름으로 9월부터 실시되었는데요. 경기도에서 처음 실시한 대동법에 의하면, 봄과 가을에 토지 1결(結)에 8말씩, 모두 16말을 거두었다고 합니다.

이후 1623년(인조 1) 조익의 건의로 강원도에서도 실시하게 되고, 효종 즉위 후에는 김육, 조익 등의 강력한 주장으로 내용을 보완하여 충청도, 전라도 지역으로 확대하여 시행했습니다. 나중에는 전국으로 확대 실시되었는데, 그때 세액을 12말로 통일했습니다.

예전에 백성들로 하여금 호별로 내게 한 공물과 달리 경작지의 양에 따라 부과했으므로, 토지를 많이 갖고 있던 부자들의 부담은 늘었습니다. 반면에 가난한 농민들의 부담은 줄어들었습니다. 이처럼 대동법의 실시로 농민은 농사에만 전념할 수 있어 민생이 안정되었습니다. 또한 다른 한편으로는 공납만 맡아서 하는 상인인 공인(貢人)이 등장하여 수공업과 상업 발달을 촉진시켰습니다.

2

광해군은 왜 『동의보감』을 편찬하게 했을까?

판사 그러면 이제부터는 원고의 두 번째 업적이라고 할 수 있는 『동의보감』 편찬에 대해 알아봅시다.

김딴지 변호사 원고가 왕위에 있던 시절은 일본과의 오랜 전쟁으로 나라가 매우 황폐해진 때였습니다. 그래서 조정에서는 전쟁에 시달린 백성을 추스리는 일이 무엇보다 중요했습니다. 특히 임진왜란을 겪으면서 전염병이 돌아 백성들이 질병으로 사망하는 경우가 많았습니다. 이 때문에 원고는 백성들의 건강에 신경을 쓰지 않을 수 없었습니다. 이에 관해 말해 줄 증인을 모시도록 하겠습니다.

판사 이번 증인은 『동의보감』을 지은 허준이군요. 증인은 앞으로 나와 선서를 해 주세요.

증인으로 허준이 나온다는 말에 방청석이 술렁였다. 그러나 허준이 위엄 어린 모습으로 들어서자 방청객들의 시선이 일제히 그에게로 쏠렸다. 증인 허준이 담담한 표정으로 나와서 선서를 했다.

김딴지 변호사 안녕하세요. 워낙 유명하신 분이지만 그래도 간단한 자기소개 부탁드립니다.

허준 네, 나는 의사 허준입니다. 할아버지는 경상도 우수사를 지냈고, 아버지는 무관으로 용천 부사를 지내셨습니다. 나는 서자였지만, 명문 무과 집안의 자손이기 때문에 집안에서 차별받지 않고 좋은 교육을 받을 수 있었습니다.

김딴지 변호사 증인은 일찍이 임금의 주치의, 즉 어의로서 선조와 광해군을 잘 치료해서 인정받은 바 있지요? 소개해 줄 수 있나요?

허준 허허, 내가 내 칭찬을 직접하기가 좀 그렇습니다…….

김딴지 변호사 의사로 아시아에 이름을 떨친 분이 겸손하시기까지. 제가 수집한 자료에 의하면, 선조 임금 때 광해군의 두창(천연두)을 치료해 당상관이 되었는데, 당상관은 의사에게는 파격적인 인사 조치였다고 합니다. 증인, 맞습니까?

허준 네, 모두 맞습니다. 나는 선조 임금, 광해군 두 분으로부터 총애를 받았습니다. 나도 임진왜란 기간 동안 임금을 곁에서 열심히 보좌했지요. 그분들은 내게 더 높은 벼슬을 주려고 했지만 주위 사람들이 중인 신분인 의사에게 그런 벼슬을 준 선례가 없다면서 방해할 정도였습니다.

김딴지 변호사 임진왜란이 일어나 선조가 피난길에 올랐을 때 달아나지 않고 끝까지 임금 곁을 지켰지요. 대부분의 벼슬아치가 달아날 정도로 고난의 피난길이었는데 말입니다.

허준 당연한 일을 했을 뿐입니다. 임금을 끝까지 모신 공로로 전쟁이 끝난 후 호종공신(扈從功臣)이 되었지요.

김딴지 변호사 『동의보감』 편찬은 언제부터 하게 되었지요?

허준 조선에는 임진왜란을 겪으면서 전염병이 널리 퍼졌습니다. 전쟁이 남긴 후유증이라고 할 수 있지요. 나는 전쟁 후 백성들의 전염병 치료에 전력하는 한편 의학 연구에 몰두했습니다. 그때 선조 임금께서 의서(醫書)를 편찬하라고 명을 내렸습니다. ▶여러 의원들과 함께 조선의 실정에 맞는 의서인 『동의보감』 편찬에 착수한 것이지요.

김딴지 변호사 그럼 이미 선조 때 『동의보감』 편찬을 착수했다는 말입니까?

허준 네. 그렇습니다. 그러나 곧 정유재란이 또 일어나 연구 사업을 계속할 수 없었습니다. 일본과의 전쟁이 모두 끝나고서야 본격적으로 착수할 수 있었습니다. 그러나 그것도 선조 임금이 돌아가시자 더 이상 추진할 수 없게 되었습니다.

김딴지 변호사 아니, 선조 임금이 돌아가셨다고 연구 사업을 추진할 수 없게 되다니요?

허준 선조 임금이 돌아가시자 어의로서 책임을 질 수밖에 없었습니다. 일종의 관행이었지요. 자칫 죽임을 당할 수도 있었습니다. 최소한 귀양은 면하지 못할 상황이었습

교과서에는

▶ 17세기 허준은 전통 한의학을 체계적으로 정리한 『동의보감』을 저술해 의학 발전에 큰 공헌을 했지요.

니다. 그때 광해군이 어쩔 수 없었던 것 아니냐며 나를 처벌할 수 없다고 말씀하셨습니다. 그러나 나는 분위기상 어쩔 수 없이 의주로 귀양을 갔지요.

김딴지 변호사 아니, 사람의 힘으로 어찌할 수 없는 죽음에 대해 산 사람이 책임지느라 하마터면 목숨을 잃을 뻔했군요. 만약 그랬다면 『동의보감』은 영영 나올 수 없었겠지요.

허준 맞습니다. 『동의보감』이 세상의 빛을 볼 수 있었던 것은 원고 광해군 덕분이었습니다. 나는 유배 생활을 하는 기간에도 의술과 의약에 대해 계속 연구를 했습니다. 나름의 시련기를 기회로 삼았지요. 마침내 광해군은 반대를 무릅쓰고 나를 유배지에서 풀어 주었습니다. 그래서 다시 임금의 어의로서, 임금의 보호를 받으면서 의서를 편찬하는 데 본격적으로 힘을 다할 수 있었습니다.

김딴지 변호사 네. 귀양이라는 시련을 연구하는 기회로 삼다니 훌륭하십니다. 그래서 또다시 기회가 온 것이겠지요. 그리고 드디어 『동의보감』이 탄생했고요. 그때가 1610년, 광해 2년이군요. 이제 『동의보감』에 대해 설명해 주시지요.

허준 이 책은 총 25권 25책으로 되어 있습니다. 당시에 있었던 국내 의서로 『의방유취(醫方類聚)』, 『향약집성방(鄉藥集成方)』, 『의림촬요(醫林撮要)』 등을 참고했습니다. 또 중국 측 의학 서적도 86여 종을 참고했습니다. 그 내용은 일종의 의학 백과사전이라고 할 수 있습니다. 이 책을 완성해서 바치자 광해군은 곧바로 출간하도록 했습니다.

김딴지 변호사 그렇게 해서 『동의보감』이 탄생한 것이로군요. 출

간된 『동의보감』은 일본과 중국에도 전해져 중요한 의학 교과서로 인정을 받았습니다. 중국판과 일본판에서는 그 가치를 매우 높이 평가하고 있습니다. 현대에 와서는 국가 지정 문화재인 보물로 지정되었고, 2009년 7월 31일 세계 기록 유산으로 등재되었습니다. 증인은 이 사실을 알고 계셨나요?

허준 네, 커다란 영광입니다. 그리고 무엇보다 『동의보감』은 가난한 백성을 위한 의학책이었다는 것을 말씀드리고 싶습니다. 나는 돈이 없어 치료를 받지 못하는 가난한 백성들이 쉽게 읽을 수 있는

부원군
정일품 공신이나 임금의 장인에게 주는 봉호를 말합니다.

책을 꼭 만들고 싶었습니다. 또한 학자들은 우리 풍토와 체질에 맞는 처방을 내렸으며, 단순한 치료만이 아니라 병의 근원을 다스리는 방법까지도 다루었습니다.

김딴지 변호사 『동의보감』은 지금까지도 참조가 되고 있는 훌륭한 의학서입니다. 광해군의 전폭적인 지원이 없었다면 과연 이런 결실을 맺을 수 있었을까요?

허준 불가능했을 것입니다. 광해군이 내게 베푼 은혜는 정말 헤아릴 수가 없습니다. 나는 일개 의원으로 양평 부원군이라는 봉호를 받았습니다. 이때 여러 신하들이 반대하고 나섰으나, 원고께서 나를 감싸 주었지요. 이처럼 연구에 몰두할 수 있도록 배려해 주셔서 큰 작업을 이루어 낼 수 있었습니다. 지금 이 자리를 빌려 원고 광해군께 진심으로 감사의 말씀을 드리고 싶습니다.

허준은 예를 갖추고 광해군을 향하여 고개 숙여 인사를 했다. 이에 광해군은 흐뭇한 웃음으로 답례를 했다.

김딴지 변호사 그렇습니다. 증인의 말대로 원고의 도움이 없었더라면 『동의보감』이라는 훌륭한 의학서는 절대 탄생할 수 없었을 것입니다. 이상입니다.

판사 잘 들었습니다. 피고 측 변호인 반대 신문 하세요.

이대로 변호사 존경하는 판사님, 증인의 업적에 대해 누가 감히 부정하겠습니까? 하지만 그 모든 것을 원고의 업적이라고 치장하는

것에 반대할 뿐, 증인을 신문할 생각은 없습니다.

김딴지 변호사　　판사님, 그리고 방청객 여러분! 원고는 인재를 골고루 등용해야 한다는 생각을 가졌고 신분을 따지지 않고 관직에 임용하는 혁신적인 인사 정책을 펼쳤습니다. 원고의 이러한 인재 등용으로 허준과 같은 훌륭한 의사가 큰 업적을 남길 수 있었고, 의학사에 길이 남을 『동의보감』이라는 저서가 편찬될 수 있었던 것입니다. 또 이를 통해 전란의 후유증으로 고생하는 백성들의 질병을 치유할 대책을 내놓은 것입니다.

판사　충분히 일리가 있는 말입니다. 원고 측 변호인, 더 할 말 있습니까?

김딴지 변호사　네. 각 분야의 기술적 성과들을 남길 수 있었던 데에도 원고 광해군의 역할이 매우 컸습니다. 하지만 원고는 이 정도에 그치지 않았습니다. 원고는 전쟁으로 흐트러진 민심을 수습하고자 전란 중에 국가와 부모를 위해 목숨을 바친 인물들의 활약을 엮은 책을 간행하기도 했습니다. 원고, 그 책의 이름이 무엇이지요?

광해군　『동국신속삼강행실도』입니다.

김딴지 변호사　이외에도 발간한 책들이 많은 것으로 알고 있습니다. 소개를 해 주세요.

광해군　네. 지금 얼른 생각나는 서적을 들면……, 『신증동국여지승람』, 『동국신속삼강행실도』, 『용비어천가』 등을 다시 간행했고, 『국조보감』을 편찬했습니다.

김딴지 변호사　네, 고맙습니다. 이처럼 원고는 전쟁 이후 흩어진 조선의 문화를 정리하여 민족 정기를 다시 모으고 기강을 바로 세우는 데 많은 힘을 기울였습니다. 만약 원고가 없었더라면 이 모든 것이 가능했을까요? 존경하는 판사님, 저는 감히 불가능했을 것이라고 말씀드리고 싶습니다. 이상입니다.

3

광해군은 왜 중립 외교를 펼쳤을까?

판사 그럼, 원고의 세 번째 업적으로 넘어가 보도록 하겠습니다. 원고 측 변호인, 원고의 세 번째 업적은 무엇인가요?

김딴지 변호사 광해군이 잘한 일이 많이 있지만 그중에서도 가장 잘한 것은 외교 정책이라고 할 수 있습니다. 일본과의 전쟁이 끝나고 동아시아 질서는 급속한 변화의 소용돌이에 휩싸였습니다. 이런 변화를 제대로 보고 있었던 사람이 바로 광해군이었습니다. 우선 당시의 국제 정세에 대해 원고에게 질의하고 응답함으로써 방청객의 이해를 돕고자 합니다.

판사 우리나라는 지리상의 위치 때문에 전통적으로 외교가 매우 중요했습니다. 그런데 간혹 그걸 망각하기도 했지요. 어쨌든 원고 측 변호인, 원고 신문을 진행하세요.

김딴지 변호사 네. 원고에게 묻겠습니다. 일본, 중국(명), 조선이 어우러져 전쟁을 하고 있었는데, 갑자기 청나라가 등장했습니다. 당시 상황에 대해 말씀해 주세요.

광해군 실은 갑작스런 일이 아니었습니다. 임진왜란이 일어난 1592년 9월이었습니다. 누르하치가 이끄는 건주 여진족이 조선에 2만 명의 구원병을 보내겠다고 제의를 해 온 것입니다. 얕잡아 보았던 여진족의 제안을 논의할 가치도 없다며 단번에 거절한 적이 있지요.

김딴지 변호사 누르하치의 건주 여진이라, 당시에는 아직 후금이나 청이라는 이름을 사용하지 않은 때였군요. 이 세력의 성장에 대해 상세하게 설명해 주시기 바랍니다.

광해군 우리가 여진족에 대해서는 좀 얕보는 면이 있었지요. 그런데 누르하치가 이끌면서 여진족이 달라졌죠. 여진족의 세력은 점점 성장했어요. 누르하치는 무역을 통해 부를 축적하면서 실력을 쌓고 있었습니다. 아직 세력이 약했을 때는 중국의 주인이었던 명나라에 대해서도 우호적인 관계를 유지하면서 세력을 키워 나갔습니다. 조선에서 전쟁이 일어나고 명나라가 여기에 신경을 쓰고 있는 사이 누르하치는 주변의 여진족을 아우르며 성장을 거듭했습니다.

김딴지 변호사 동아시아가 전쟁을 치르느라 정신 없을 때 변방에서 누르하치가 이끄는 여진족은 착실히 힘을 모으고 있었던 것이군요.

광해군 네, 맞습니다.

김딴지 변호사 으흠, 건주 여진을 이끈 누르하치란 인물에 대해 좀 더 소개해 주실까요?

광해군 네. 12세기경 금나라가 등장하여 한족 왕조인 송나라를 양쯔 강 남쪽으로 밀어낸 역사가 있습니다. 이 금나라를 건설한 사람이 아구타인데요. 누르하치는 아구타의 후예로 알려져 있습니다.

아구타
금나라의 태조 완안아골타(1068년~1123년)를 말합니다. 아골타는 여진어 아구다(Aguda)를 빌려 쓴 단어로 넓은 아량이라는 말입니다.

김딴지 변호사 그렇군요. 한족 왕조 송나라는 북방 민족에 시달렸는데, 처음에는 거란의 요나라에게 시달리다가 나중엔 여진의 금나라에게 시달리고, 결국엔 몽골에게 중원을 내주게 되었지요.

광해군 그렇습니다. 몽골의 원나라를 중원에서 몰아내고 다시 중원을 차지한 한족 왕조인 명나라는 주변 세력이 커지지 않도록 매우 경계했습니다. 만주 일대의 여진족을 쪼개서 통제하는 이른바 분할 지배 방식을 구사했습니다. 중국의 동쪽 관문인 산해관을 직접 지배하면서 여진족이 출입하지 못하도록 했고, 요동 도사를 두어 여진족을 간접적으로 지배했지요. 이 지역의 여진족은 해서, 건주, 야인 여진으로 나뉘어 있었습니다. 누르하치는 건주 출신이었지요. 그런데도 누르하치는 명나라와 좋은 관계를 유지했습니다.

김딴지 변호사 좋은 관계였다고요?

광해군 그렇습니다. 명나라는 이들 부족을 분열시켜 '오랑캐로 오랑캐를 친다'는 방식을 펼쳤습니다. 명나라에 반기를 든 해서 여진을 혼내 주는 데 건주 여진 병사들을 동원하기도 했습니다. 이때 누르하치는 아버지와 할아버지를 잃었습니다. 이런 인연으로 명나라에서도 누르하치에게 잘 대해 주었지요. 그래서 누르하치는 교역하는 데 유리한 특권을 얻었고, 이를 활용해 많은 이익을 얻을 수 있었습니다. 이런 이익은 누르하치 세력이 성장하는 밑거름이 되었습니다. 누르하치 세력은 주변국과 교역을 하여 막대한 이익을 남기고 이런 경제력을 토대로 주변에 대한 지배력을 계속 확대해 나갔습니다.

김딴지 변호사 너무 성장하면 명나라에서 태도가 달라질 수 있었을 텐데요.

광해군 누르하치는 명나라에 조공도 잘 바치며 매우 순종적인 모습을 보여 주었지요. 명나라도 아직은 누르하치에게 용호장군(龍虎將軍)이라는 직함을 내려 품 안에 두고자 했습니다. 누르하치는 이런 직함을 이용해 다른 여진 부족에 비해 정치적으로 우세함을 누릴 수 있었고, 결국 그 일대에서 마음대로 활동할 수 있도록 보장받았지요.

김딴지 변호사 결과적으로 호랑이를 키운 꼴이었군요.

광해군 그렇습니다. 누르하치에게는 명나라와 조선이 일본과의 전쟁에 정신이 없었던 임진왜란 기간이 좋은 기회였습니다. 임진왜란이 일어난 1592년 9월, 선조 임금이 의주로 피난해 있을 때 누르하치가 사람을 보내 조선에 구원병을 보내겠다고 제의해 왔습니다. 하지만 나는 거절했지요. 1598년 1월에도 또 사람을 보내 2만 명의 구원병을 보내겠다고 제의해 왔어요. 일본과의 전쟁을 얼른 끝내는 것이 우선인지라 받아들이자는 의견도 있었습니다만, 나는 자칫 후유증이 있을까 걱정되어 결국 거절했지요.

김딴지 변호사 우리가 임진왜란 기간 동안 동아시아의 명나라와 일본에만 신경을 쓰고 있었는데, 그 틈을 이용해 여진 부족이 급격히 성장하였군요.

광해군 네. 누르하치는 독자적인 만주 문자도 만들고, 1605년 나라 이름을 '건주국'이라 했습니다. 우리에게 교역을 하고 우호 관계를 맺자는 제의까지 해 올 정도였습니다. 유화 정책의 하나로 교역을 허락했습니다만…….

김딴지 변호사 누르하치 세력이 성장하는 것을 보고, 결국은 명나라의 태도도 달라졌을 것 같은데요?

광해군 명나라도 경계하지 않을 수 없게 되었습니다. 마침내는 명나라가 교역을 중지해 버렸어요. 그러자 이미 만만치 않게 성장한 여진은 명나라와 실력 대결에 나섰지요. 1616년에는 나라 이름을 '후금'으로 바꾸었습니다.

김딴지 변호사 후금이라면 금나라의 후계자란 뜻 아닙니까? 과거에 금나라에게 혼이 났던 적이 있어서 한족 왕조인 명나라는 굉장히 기분 나빴겠는데요.

광해군 명나라야 당연히 기분 나빴겠지요. 일찍이 여진족을 경계하고 있던 나로서도 신경이 많이 쓰였습니다. 아버님 선조 임금도 그들 기마병의 위력을 파악하고 주력인 누르하치 세력에 대해 경계심을 갖고 있었습니다. 1608년, 내가 즉위한 해에는 누르하치가 배를 만들어 타고 조선을 침략한다는 풍문이 떠돌았습니다. 나는 명나라로 보낸 사신이나 의주에 주둔한 장군, 그리고 역관들에게 여진의 정세를 알아보고 정보를 수집하도록 지시했습니다.

김딴지 변호사 원고는 여진의 움직임을 예의 주시하고 있었군요.

광해군 네. 왜냐하면 우리나라의 위치 자체가 국제 정세에 대해 항상 관심을 갖고 있어야 했기 때문이지요. 주변 정세에 따라 큰 영향을 받으니까요. 그리고 뜻있는 이들은 항상 대외 정세에 관심을 갖고 있었어요. 이를테면 조선 전기인 세종 대와 세조 대에 활약한 신숙주는 『해동제국기』라는 책을 남겼는데 그 안에는 일본을 경계하라는 내용을 담고 있었지요. 그런데 어느 사이 우리가 우물 안 개구리가 되어 버렸지요. 그러다 일본의 침략을 받았고…….

김딴지 변호사 잘 알겠습니다. 아무튼 동아시아에 또다시 전쟁의 기운이 감돌게 되었군요. 당시 명나라의 상황은 어땠나요?

광해군 당시 명나라의 상황은 심각했어요. 의견이 다른 신하들끼리 서로 싸우기만 하느라 정신이 없었습니다. 나라의 기강이 무너지고 황실은 사치를 위해 각종 세금을 늘렸습니다. 결국 농민들은 무거운 세금에 시달리다 반란을 일으키기 시작했습니다.

김딴지 변호사 여진의 성장으로 인해 밖으로부터 오는 위험보다 더 심각한 것은 명나라가 안으로부터 무너지고 있었다는 사실이라고 할 수 있겠군요. 그럼 이번에는 일본으로 가 볼까요? 조선과 전쟁을 벌였던 일본의 상황은 어떠했습니까?

광해군 일본에서는 도요토미 히데요시가 사망한 후, 그를 따르던 세력이 도쿠가와 이에야스 세력에게 밀려났습니다. 그래서 에도 막부가 시작되었지요. 도쿠가와 이에야스는 우리에게 국교를 요청해 왔습니다. 도쿠가와가 조선인 포로를 돌려보내는 등 성의를 보이자 다시 국교를 회복하게 되었습니다.

김딴지 변호사 으흠, 바다 쪽 쓰나미는 멎었는데 이제는 대륙에서 거센 바람이 불어닥칠 기세군요. 이에 대해 원고는 어떻게 대비했나요?

광해군 당시 상황은 군사적 대비를 하지 않을 수 없는 상황이었습니다. 병사들의 훈련 상태를 직접 점검하기도 했고, 화포를 제작하고 사격술을 연마하도록 했습니다. 또 화약 원료인 염초를 명나라에서 수입하고 있었는데, 그 염초 제조법을 알려고 애를 썼지만 명나라는 가르쳐 주지 않았습니다. 화살, 창검, 조총 등 무기 제작에도

요충지
지형이 군사적으로 아주 중요한 곳을 가리키는 말이지요.

힘썼습니다. 일본산 장검과 조총을 구입할 생각도 했었습니다. 내가 즉위한 해인 1609년(광해군 2)에 일부 신하들이 반대를 했지만 일본과 국교를 다시 회복한 것도 대륙에서 부는 바람을 막는 데 집중하기 위한 것이었습니다.

김딴지 변호사 원고는 여진, 그러니까 후금에 대해서 군사적 대비를 했지만, 후금과 조선은 서로 적대적 관계를 만들지는 않았지요?

광해군 맞습니다. 누르하치가 우리를 공격한다는 소문도 있었지만, 우리 조선과 명나라가 협력하여 누르하치를 공격한다는 풍문도 있었습니다. 그러나 명나라와 대립하게 된 누르하치나, 전후 복구에 여념이 없는 우리나 서로 분쟁을 일으킬 상황이 아니었습니다.

김딴지 변호사 문제는 후금과 명나라와의 관계였겠군요?

광해군 그렇습니다. 양쪽은 대결 국면으로 치닫더니, 드디어 1618년 누르하치가 명에 대해 일곱 가지 원한을 밝히면서 선전 포고를 했습니다. 그러고는 명나라 관할에 있던 무순을 공격하여 삽시간에 점령했습니다. 무순은 정치 · 경제적 요충지였습니다. 본래 이곳은 누르하치가 명나라 상인들에게 생필품을 구입하던 교역 장소였지요. 이제 누르하치는 명나라와 한판 승부를 벌이기로 작심한 것입니다. 명나라 군대는 후금의 병사들을 추격해 반격하려 했으나 오히려 패하고 말았습니다. 이제 명나라는 후금을 확실하게 응징하기로 결정하고, 조선에도 군사를 보내 달라고 요구했습니다. 그때가 1618년(광해군 10) 4월의 일이었습니다.

김딴지 변호사 올 것이 왔군요. 우리 조정에서는 상당한 논란이 있

명나라
<
청나라
중립 외교!
중립
중립
조선
일본

칙서
한 나라의 왕이 특정한 한 인물에게 알릴 내용을 적은 글을 말합니다.

비변사
조선 시대에 군국의 사무를 맡아 보던 관아입니다. 중종 때 삼포왜란의 대책으로 설치한 뒤, 전쟁 시에만 두었다가 명종 10년(1555)에 상설 기관이 되었으며, 임진왜란 이후에는 의정부를 대신하여 정치의 중추 기관이 되었습니다.

었을 것 같은데요?

광해군 명나라가 좀 더 신중한 결정을 내리길 기대했는데 아니었습니다. 나는 어떻게든 우리 조선은 명나라에 휘둘리지 말아야 한다고 생각했습니다. 그동안 정보를 수집한 결론이라 할 수 있습니다. 원병을 요청한 것이 마침 명의 병부와 요동 도사였기에 황제가 정식으로 칙서를 내리지 않았다는 절차상 문제점을 지적했습니다. 그리고 우리나라가 임진왜란 이후 피폐해져 경제도 어렵고, 군사력도 아직 회복되지 않았으며, 일본이 다시 침략할 수도 있다는 등의 이유로 거절해야 한다고 생각했습니다.

김딴지 변호사 이에 대해 조정 신하들의 반응은 어떠했나요?

광해군 내 입장에 동조한 신하들은 몇 안 되었습니다. 비변사 신료들은 순진하게 출랑거렸습니다. 명나라가 임진왜란 때 베푼 은혜를 갚아야 한다는 것이었지요. 명나라 황제가 칙서를 보내고 명나라 조정에서 압박해 오는데, 우리 조정의 신하들조차 파병을 주장하니, 참으로 버티기 힘든 지경에 이르렀습니다. 할 수 없이 군사를 보내기로 했지요.

김딴지 변호사 이해합니다. 조정의 신료들이 사대주의에 물들어 정세를 객관적으로 보지 못했군요.

이대로 변호사 판사님, 이의 있습니다. 원고 측은 지나치게 결과론적이고 현재적 관점에서 상황을 왜곡하고 있습니다. 신하들이 왜 그런 입장을 보였는지에 관해서 신문할 기회를 주시기 바랍니다.

판사 좋습니다.

이대로 변호사 고맙습니다. 국제 관계에도 질서라는 것이 있고, 나라 사이에도 의리라는 것이 있습니다. 먼저 당시 국제 관계의 질서를 봅시다. 당시 국제 관계의 질서 원리로 작용한 것이 '사대(事大)'와 '자소(字小)' 또는 '사소(事小)'인데요. 원고는 이 말을 알고 있겠지요?

약육강식
힘이 약한 자는 힘이 강한 자에게 잡아먹힌다는 의미로 생존 경쟁의 살벌함을 뜻합니다.

광해군 '사대'는 작은 것이 큰 것을 섬긴다는 뜻이고, '자소'는 큰 것이 작은 것을 아낀다(또는 섬긴다)는 뜻입니다. 동양의 고전인 『맹자』에 의하면, 큰 나라가 작은 나라를 섬기면 천하를 지키고, 작은 나라가 큰 나라를 섬기면 나라를 지킬 수 있다고 말하고 있습니다. 또 맹자는 이런 말도 했습니다. "큰 것이 작은 것을 섬김은 하늘을 기쁘게 하는 일이고, 작은 것이 큰 것을 섬김은 하늘을 두려워하는 일이니, 하늘을 기쁘게 하면 천하를 지킬 것이요, 하늘을 두려워하면 나라를 지킬 것이다."

이대로 변호사 맞습니다. 세상에는 큰 나라도 있고 작은 나라도 있습니다. 이런 큰 것을 섬기는 '사대'와 작은 것을 섬기는 '자소'의 원리에 의해 동아시아는 국제 관계의 안정을 유지해 왔던 것입니다. 여러 나라가 모여 나름의 평화를 유지할 수 있었던 것이지요. 큰 나라가 힘으로 작은 나라를 위협하고, 작은 나라는 엎드려 큰 나라의 빈틈을 노리는 것과는 다른 것입니다. 작은 나라는 큰 나라의 힘에 의해 지배되지 않고 독립적 지위를 보장받을 수 있습니다. 근대에 들어와 강대국이 약소국을 식민지로 삼아 지배하는 **약육강식**의 야만적 상황이 아니었습니까? 오로지 폭력으로 결정하는 근대의 제국주의 질서보다 사대-자소 관계는 훨씬 자발적이고 평화로운 국제 관계였습니다.

김딴지 변호사 너무 이상적으로만 설명하시는군요.

이대로 변호사 이런 질서에 적응하는 것을 '사대주의'라는 딱지를 붙여 나쁘게만 말하면 오해가 생길 수 있습니다. 주체성 없이 오로지 큰 나라에 빌붙어 살려는 뜻의 말인 '사대주의'와는 구별할 필요가 있습니다. 조선은 주체적인 자세를 잃지 않은 가운데 명나라의 선진 문명을 적극적으로 받아들이면서 평화를 유지하고 있었습니다. 당시 명나라 중심의 국제 질서와 오늘날 미국 중심의 세계 질서와 비교할 수 있습니다.

김딴지 변호사 글쎄요. 실제로 그러했는지 또 그것이 과연 주체적이었는지, 사대주의가 아니었다고 할 수 있는지 의문이 듭니다.

이대로 변호사 또 원고에게 묻겠습니다. 신하들이 명나라에 병사들을 보내자면서 내세운 말이 무엇이었지요?

광해군 '재조지은(再造之恩)'이었습니다.

이대로 변호사 '재조지은'이란 무슨 뜻이지요?

광해군 나라를 다시 만든 은혜란 뜻입니다. 그러니까 임진왜란 때 명나라가 조선을 도운 은혜를 가리키는 것이지요.

이대로 변호사 사대와 자소의 국제 질서의 원리를 바탕으로 하여 명나라와 조선 사이에는 더욱 특별한 의리 관계가 생겼습니다. 조선이 일본의 침략을 받았을 때 명나라가 지원군을 파견해 오지 않았습니까? 임금이 압록강까지 피신해야 하는 상황이었습니다. 나라가 망할 판에 명나라의 도움으로 나라가 살지 않았습니까? 그래서 당시에는 '재조지은', 즉 나라를 새로 세운 것이나 다름없는 은혜를 입었다고 생각했습니다. 명나라가 위기에 빠졌으면 당연히 도와야지요! 안 그렇습니까? 원고는 말해 보세요.

광해군 '사대'니 '자소'니 다 이상적인 얘기지요. 국제 질서란 엄연히 강자의 논리에 의해 지배되는 것이고, 단지 서로 싸우면 피곤하니까 피할 뿐이지요. 주체적으로 판단하지 못하고 그런 세계에 젖어 그저 큰 나라에만 매달리면 그게 '사대주의'이지 도대체 무엇이겠습니까? 실제로 뭐가 다른지 모르겠습니다. 명나라가 조선을 도운 것은 어디까지나 그들의 나라를 위한 것 아닙니까? 처음 조선이 지원을 요청했을 때 명나라도 조선이 일본과 짜고 행동하는 게 아닌가 의심하기까지 했지요.

김딴지 변호사 맞습니다. 명나라가 조선을 도와준다고 와서 한 횡포도 그냥 넘길 수 없지요. 얼마나 민폐를 많이 끼쳤습니까? 명나라를 국제 질서의 중심에서 볼 것이 아니고, 각 나라의 움직임을 객관적으로 파악해야 옳은 일 아닙니까? 그런 고루한 생각 때문에 동아시아가 엄청난 변화 속에 빠져 있을 때 이를 제대로 파악하지 못해서 그 치욕을 겪은 것 아닙니까?

이대로 변호사 명나라 군사들의 횡포가 있었다 해서 그것으로 그들의 공헌을 부정할 수는 없습니다. 또 우호적인 국가 관계에서 개별 사건마다 저울질을 해서 쓴 것은 뱉고 단 것만 삼킬 수는 없습니다. 즉, 종합적으로 판단하고 행동해야 한다는 말입니다.

광해군 두 변호사 모두 좋은 말씀입니다. 나는 당시 국제 질서를 부정한 적이 없소. 다만 좀 더 현실적으로 생각했을 뿐이지요. 후금의 세력이 범상치 않다는 판단 아래 신중하게 처신하여 우리의 피해를 줄이려 애썼던 것입니다.

이대로 변호사 원고는 혹시 명나라에 대한 사사로운 감정 때문에 파병을 머뭇거린 것은 아닙니까? 명나라에서 광해군이 왕위에 오를 때 얼른 인정해 주지 않았던 데 대한 불만이 그런 결정을 일으킨 것 아닙니까? 명나라 사신들이 임해군을 조사한다며 몰려와서 은자 수만 냥을 챙겨갔을 때도 명나라에 대해 좋지 않은 감정을 가진 것 아닙니까?

김딴지 변호사 이의 있습니다. 피고 측 변호인은 논의의 본질을 흐리고 있습니다. 이 변호사는 어찌 원고의 마음속에 들어가 본 것처럼 말씀하십니까? 국왕 책봉이 매끄럽지는 못했지만 그래도 1609년에 이미 결판난 일입니다.

판사 자, 국제 정세를 보는 관점은 거기까지 하도록 하겠습니다. 다시 본론으로 돌아와 명나라의 파병 요청에 대해 알아보도록 합시다. 원고 측 변호인, 계속하세요.

김딴지 변호사 네, 알겠습니다. 원고는 결국 파병을 결정했습니다. 왜란이 끝난 지 20년 되었지요. 원정군 사령관은 누구였나요?

광해군 조정의 다수 신하들과 명나라 장수들의 압력에 못 이겨 마침내 1618년(광해군 10) 7월에 1만 3,000여 명의 출병을 결정했습니다. 원정군 사령관으로는 강홍립을 임명했습니다. 강홍립 장군은 용맹심과 정의감이 누구보다 강했고 중국말에도 능통했어요. 유사시에 명나라 군사와 말이 통하는 것이 중요할 수도 있다고 생각했기 때문에 안성맞춤이었지요. 당시 나는 강홍립 장군이 있어서 매우 든든했었지요.

김딴지 변호사 그렇군요. 그렇다면 직접 강홍립 장군을 모셔서 이

야기를 들어 볼까요? 판사님, 강홍립 장군을 증인으로 요청합니다.

판사 좋습니다. 증인은 앞으로 나와 선서하세요.

듬직한 체구의 강홍립 장군이 터벅터벅 걸어 나와 선서를 했다. 늠름하고 위풍당당한 그의 모습은 조선의 장군으로 손색이 없었다. 그는 광해군을 보더니 정중하고 공손하게 절을 올렸다.

김딴지 변호사 반갑습니다. 자기소개부터 해 주세요.

강홍립 나는 강홍립이라고 합니다. 1560년(명종 15)에 태어나 1627년(인조 5)에 세상을 떴습니다. 할아버지는 우의정 벼슬에 올랐고, 아버지는 참판 벼슬을 지냈었지요. 나는 선조 임금 때 문과에 급제하여 벼슬길에 들었습니다.

김딴지 변호사 그렇군요. 당시 명나라로 보내진 조선 원병의 지휘 체계와 규모는 어땠나요?

강홍립 나는 총사령관인 도원수가 되었고, 부원수는 임진왜란 때 공을 세운 김경서였습니다. 임진왜란 때 공을 세워 이름을 날린 김응서가 이름을 바꾸었는데, 그가 바로 김경서입니다.

김딴지 변호사 광해군이 증인에게 "정세를 잘 살펴보고 행동을 결정하라"라는 비밀 지시를 내렸다는 소문이 있는데요.

강홍립 압록강을 건너기 전에 임금께서 지침을 주셨습니다. "병사들은 조선의 정예병이다. 그대는 명나라 장수들의 명령을 고지식하게 그대로 따르지 마라. 신중하게 처신하여 오직 패하지 않도록

최선을 다하라." 대략 이런 내용이었습니다.

김딴지 변호사 그때 증인은 어떤 생각을 했나요?

강홍립 나는 그때 원정의 배경을 충분히 알고 있었습니다. 또한 원고께서 중국어로 소통이 가능한 나를 발탁하신 이유도 잘 알고 있었습니다. 싸움의 승패보다도 우리 군대의 전력 손실을 최소화시키는 것이 가장 중요한 문제였지요. 그러자면 전투의 진행 상황에 따라 대단히 영리하게 대처해야만 했습니다. 그래서 나는 파병이 결정된 1618년 7월에 출발했고, 이런저런 준비 과정을 거쳐서 겨울에 압록강변에 도착했습니다. 그리고 해가 바뀌어 1619년 2월 1일, 선발대가 압록강을 건넜습니다. 본대는 23일 압록강을 건넜습니다.

김딴지 변호사 그렇군요. 당시 명나라의 군대 상황은 어떠했지요?

강홍립 명나라의 군대는 총사령관 양호를 비롯하여 멤버가 화려했습니다. 북로, 동로, 서로, 남로 등 네 길로 나누어 공격하기로 했는데 조선군은 남로군 사령관 유정의 군사와 함께했지요. 그런데 명나라 군대는 기동성이 뛰어난 후금의 기마병의 위세에 밀리고 있었지요. 그래서 조선군의 조총수 부대에 상당한 기대를 걸고 있었어요. 임진왜란 이후 공들여서 키워 온 5,000명으로 구성된 부대였지요.

김딴지 변호사 명나라와의 군사적 협력은 잘 되었나요?

강홍립 명나라 장수 유정이 거느리는 부대에 배속된 조선군은 눈이 많이 내려 이동하는 데 매우 힘들었습니다. 기병이 위주인 명나라 군사보다 보병이 위주인 우리 군대가 더 힘들었지요. 내가 명나라 군대 쪽에 병력의 이동 속도를 늦춰 달라고 청했지만 받아들여지지 않았고, 오히려 우리를 닦달했습니다. 파견된 명나라 장교들은 군법을 들먹이며 위협하기까지 했습니다. 후방에서의 보급은 원정군의 행진을 따라잡지 못했습니다.

김딴지 변호사 반면에 후금 군대의 상황은 어떠했지요?

강홍립 1615년, 누르하치는 군대와 행정을 팔기제(八旗制)라는 것으로 편성했습니다. 여진족은 농사도 지었지만 기본 생업은 수렵이었습니다. 수렵은 대개 여럿이서 팀을 이뤄 하는 몰이사냥 방식이었는데, 이런 수렵 단위를 전투 단위에 적용한 것입니다. 말을 타고 하는 수렵 활동을 군사적 활동으로 전환시킨 것이어서 기마 군대의 능력이 탁월했습니다.

김딴지 변호사 후금과의 전투는 언제 시작되었나요?

강홍립 1619년 3월 2일, 무순 근처에 있는 사르후(薩爾滸)에 도착해서 후금의 한 부대와 첫 전투를 벌였고 우리가 승리했지요. 그런데 앞에 있던 명나라 군대는 누르하치가 지휘한 후금 군대에게 차례차례 무너졌습니다. 우리 조선군은 명군을 따라 나아가 사르후 부동에 있는 작은 산 아래에 이르렀습니다. 이곳에서 치열한 전투가 벌어졌는데 아군이 패배하고 말았습니다. 이 전투에서 명나라의 유정과 우리 조선의 장수 김응하가 전사했습니다. 우리는 적군에 포위된 상태가 되었습니다.

김딴지 변호사 그때 항복했나요?

강홍립 후금에서 역관을 보내 강화를 맺자고 청해 왔습니다. 나는 부원수 김경서와 상의하여 화약을 맺기로 했습니다. “우리는 그대들과 원수진 것이 없다. 이번 출병이 우리로서는 부득이한 것이었다”라고 말했습니다. 그리고 마침내 3월 5일 후금의 수도인 흥경노성으로 들어가 누르하치를 만나 항복했습니다.

김딴지 변호사 이런저런 사정을 잘 모르는 조정에서는 증인에 대해서 규탄하며 증인의 관직을 박탈했지요. 그 후 증인은 어떤 상태에 있었습니까?

강홍립 이듬해 포로들은 석방되어 조선으로 돌아왔으나 난 그때부터 후금 진영에 억류되었습니다. 그렇지만 후금 내부의 정보를 원고 광해군에게 은밀히 올려 보냈습니다.

김딴지 변호사 증인의 말을 종합해 보면 당시 파병은 부득이한 것이었고, 증인은 그런 사정을 잘 알고 있었다는 것인데요. 그렇기 때문에 증인은 아군의 피해를 최소화하는 가운데, 명나라에 대해서는 명분을 얻고, 후금에 대해서는 실리를 취하는 임무를 성실하게 이행한 것입니다. 이는 결국 원고가 동아시아 정세 변화의 큰 흐름을 잘 보아 가며 유연하게 대처한 것이라고 할 수 있습니다. 이상입니다.

판사 잘 들었습니다. 피고 측 반대 신문 하세요.

이대로 변호사 충심으로 군대를 챙겨서 명나라를 지원했다면 다른 결과가 나왔을 수도 있습니다. 그런데 처음부터 상황을 봐서 불리하면 항복하겠다는 자세가 말이 됩니까?

강홍립 어차피 우리가 전쟁을 전면적으로 주도하지 않는 입장에서 상황에 따라 처신한 것이 최선이었다고 생각합니다. 파병하여 전투에 참여한 것으로 명분을 얻었으니, 어차피 이기지 못할 전투에서 피해를 최소화하는 일이 남는 일이지요.

이대로 변호사 이때만 해도 후금의 실력을 객관적으로 헤아려 볼 때 조선과 명나라의 연합군이 잘만 했다면 얼마든지 후금을 제압할 수 있지 않았습니까? 이때 조선과 명나라의 연합군이 후금을 무너뜨렸다면, 나중에 청나라도 등장했을 리 없다고 생각되는데요.

김딴지 변호사 증인은 피고 측 변호인의 가정법적인 상황에 답변하실 필요가 없습니다. 게다가 명나라는 이미 내부적으로 무너지고 있었습니다. 당쟁으로 뜻있는 인재가 희생되고, 지나친 세금으로 농민들이 반란의 무리에 가담하고 있었으니까요.

이대로 변호사 질문 계속하겠습니다. 증인은 정묘호란 당시 앞잡이 노릇을 하지 않았습니까?

강홍립 이미 후금이 강성해졌고, 우리 조선으로서는 대책이 없었습니다. 그 상황에서 나는 최선을 다했습니다. 나는 강화 협상을 주선하여 후금군이 철수하도록 노력했고, 철수하는 후금군이 살육을 자행하지 않도록 막기 위해 노력했습니다.

김딴지 변호사 맞습니다. 당시 정충신이 증인 강홍립에게 보낸 편지를 보면 알 수 있습니다. 후금을 철수시킨 강홍립에게 감사하다고 말하면서, 후금군의 살육을 막아 달라고 당부하고 있습니다. 그런데도 강홍립을 역신으로 몰아 관직을 삭탈했습니다. 다행히 죽은 뒤에 복관되었지요. 광해군과 함께 증인 강홍립 장군의 공로를 정당하게 평가해야 합니다.

판사 양측 변호인 모두 수고했습니다. 두 번째 재판을 여기서 마치도록 하겠습니다. 이제 단 한 번의 재판이 남았습니다. 양측 모두 준비를 잘 하시길 바랍니다.

땅, 땅, 땅!

역신
임금을 반역한 신하를 일컫는 말입니다.

복관
물러났던 관직을 다시 돌려주는 것을 이릅니다.

휴 정
인터뷰

다알지 기자

시청자 여러분, 안녕하세요? 역사공화국 법정 뉴스의 다알지 기자입니다. 저는 지금 광해군 대 이귀의 둘째 날 재판을 마친 한국사법정에 나와 있습니다. 오늘 재판에서는 원고가 시행했던 업적들이 많이 제출되었는데요. 원고의 명예 회복에 얼마나 큰 영향을 미칠지 주목됩니다. 오늘 재판에는 이원익이 원고 측 증인으로 출석했습니다. 증인 이원익은 광해군 정권이 들어서고 첫 영의정을 지냈습니다. 대동법을 시행하는 데 결정적인 역할을 하였고요. 이원익과 함께 삼정승을 구성한 오성 이항복이 셋째 날 재판에 피고 측 증인으로 나온다고 합니다. 그래서 오늘 한자리에 모셨습니다. 자, 함께 일하신 두 분께서 한 분은 원고 측, 또 한 분은 피고 측 증인으로 나오시게 되었는데요. 감회가 남다를 것 같습니다. 이번 재판을 어떻게 보시는지 먼저 이원익 증인께서 한 말씀 해 주세요.

지금 다알지 기자께서 감회를 물어보셨는데 정말 착잡하죠. 그래도 제가 모신 분 쪽에 서서 증언을 하니까 앞에 계신 오성 대감보다는 다행입니다만. 어쨌든 나는 이번 재판을 통해서 광해군의 명예가 회복되었으면 합니다. 어차피 지난 일이고, 광해군께서도 그동안 몸도 마음도 많은 고생을 했기 때문에 이제는 명예가 회복되길 진심으로 바랍니다. 내가 증인으로 나온 이유도 그것 때문입니다. 그리고 마지막으로 한 말씀 더 올리겠습니다. 정치를 하다 보면 서로 생각이 다를 수 있고 그로써 세력이 나눠지기 마련입니다. 이때 상대방을 인정하지 않은 채 권력만 잡으려고 애쓰지 말고, 진정으로 백성들을 위한 정치가 무엇인지 고민해서 정치를 펴는 경쟁을 해야 한다는 것입니다. 뭐, 그 정도입니다.

내가 존경하는 이원익 대감을 법정에서 뵙다니 좀 민망합니다. 당시에 대감과 함께 당파에 치우치지 않는 원만한 정치를 베풀려고 노력했습니다. 그런데 자꾸 옥사가 일어나고 민생과 관련 없는 권력 다툼이 벌어져 안타까웠습니다. 내가 추천한 사람이 역모에 가담했다 하여 나 역시 곤혹을 치렀습니다. 그런 일이 되풀이되다 보니 조정에는 강직한 사람은 떠나고 아첨하는 무리들만 남게 되었는데, 그런 무리들이 어떻게 왕을 지켜 줄 수 있었겠습니까? 내가 피고 측 증인으로 나서게 된 것은 그런 점을 밝히고자 한 것입니다. 재판의 결과에 대해서는 크게 마음 쓰지 않고 있습니다. 중요한 것은, 잘한 것은 잘한 것으로 못한 것은 못한 것으로 확실한 평가를 받는 것이겠지요.

광해군과 임진왜란

1592년인 선조 25년 일본이 군대를 이끌고 부산포 앞바다로 물밀듯이 밀려왔어요. 임진왜란이 시작된 것이지요. 당시 임진왜란을 극복할 수 있었던 요인 중 하나로 '광해군의 분조' 활동이 꼽히고 있답니다. 큰 국란을 극복하기 위해 적자가 없던 선조는 후궁의 소생인 광해군을 세자로 책봉했고, 그로 하여금 조정을 나누어 이끌도록 했지요. 광해군은 전쟁 기간 중 평안도나 강원도 등을 돌며 민심을 수습하는 것은 물론이고 경상도나 전라도 등지로 내려가 군량을 모으는 등 자신의 노력을 아끼지 않았답니다. 한편으로 생각하면 임진왜란으로 인해 광해군은 세자가 될 수 있었고 왕위에 오를 수도 있었지요. 광해군을 있게 한 임진왜란의 역사적 현장을 그림으로 한번 들여다볼까요?

<부산진순절도>

임진왜란 당시인 1592년 4월 13일과 14일에 부산진에서 있었던 왜병과의 공방전을 그린 그림이에요. 조선 후기의 화가인 변박이 그린 기록화로 알려져 있지요. 보물 제391호로 지정되어 있는 유물로 비단에 그려진 채색화이지요. 크기는 가로 96cm, 세로 145cm랍니다. '충절이나 정절을 지키기 위하여 죽는 것'을 '순절'이라고 하는데, 부산진에서 왜병과 맞서 싸우다 순절한 사람들을 기리기 위해 그려진 그림이에요. 유물 속에 그려진 부산진성은 당시 바로 해안에 위치한 성으로, 성 밖에는 왜군이 가득하고 바다에는 왜선이 가득한 모습이 그려져 있어요. 임진왜란 당시의 처절한 상황과 절박한 심정이 잘 표현되어 있답니다.

<동래부순절도>

조선 후기의 화가 변박이 그린 기록화로 비단 바탕에 수묵으로 그려진 그림이에요. 보물 제392호로 지정되어 있으며 육군 박물관에 소장 중이지요. 임진왜란 때 동래성에서 왜군의 침략을 받아 싸우다 순절한 부사 송상현과 군민들의 항전을 그린 것이랍니다. 그림의 중앙에는 동래부의 성곽이 둥글게 자리 잡고 있고, 아랫부분에는 성을 수비하는 동래부 병사들과 이를 공격하기 위하여 겹겹이 둘러싼 왜병들을 그려 넣었지요. 특히 그림의 오른쪽 윗부분에 왜군들이 무너진 성을 넘어 들어오는 장면이 그려져 있어서 당시 상황의 위급함을 잘 알 수 있답니다.

<창의토왜도>

여덟 개의 장면이 묶여져 있는 『북관유적도첩』 안에 있는 그림으로 종이 위에 그려진 그림이에요. 크기는 가로 31cm, 세로 41.2cm로 고려대학교 박물관에서 보관 중이지요. 임진왜란 당시 의병장인 정문부 장군이 함경북도 일대에서 왜군을 물리친 전투를 담은 기록화랍니다. 그림에는 정문부가 성을 되찾고 대장기가 꽂힌 성루에 앉아 있는 모습이 그려져 있어요. 그뿐만 아니라 성문 밖에서는 말을 타고 왜군을 추격하는 의병과 쫓기어 도망가는 왜군의 모습이 생생하게 담겨져 있답니다.

<울산성전투도>

1592년부터 1598년까지 2차에 걸친 왜군의 침략으로 일어난 임진왜란은 많은 전투와 전쟁으로 이어졌어요. 사진 속 유물은 〈울산성전투도〉의 일부로 임진왜란의 막바지 최대 승부처였던 13일간의 울산성 전투 장면을 세밀하게 묘사한 그림이지요. 일본인이 그린 작품으로 알려져 있으며, 총 18폭의 병풍으로 만들어진 것이랍니다. 당시 울산성은 남해안에 주둔할 목적으로 병사들을 동원해 지은 일본식 성곽이었답니다. 그림 속에는 명군과 연합한 조선군에 의해 성에 고립된 왜군의 모습이 보이지요. 울산성 전투를 끝으로 길고 힘들었던 임진왜란도 서서히 끝나게 된답니다.

재판 셋째 날

광해군은 왜 왕위에서 쫓겨났을까?

1. 인조반정은 왜 일어났을까?
2. 광해군 시절의 실록은 왜 두 가지일까?

교과 연계

한국사
II. 고려와 조선의 성립과 발전
2. 유교 정치의 이상을 꽃피운 조선
(5) 동아시아 정세 변화로 왜란과 호란이 일어나다

1

인조반정은 왜 일어났을까?

원고 광해군과 피고 이귀의 세 번째 재판이 시작되기 전 법정 안은 긴장감이 흘렀다. 김딴지 변호사는 지난 재판에서 열띤 공격을 했기 때문인지 의기양양해 보였다. 이대로 변호사는 피고와 오늘 증언을 해 줄 증인들과 귓속말을 나누는 것이 분주해 보였다.

판사 자, 오늘은 드디어 마지막 재판 날입니다. 재판 둘째 날에는 원고 광해군이 주장한 다양한 업적에 관해서 살펴보았습니다. 오늘 재판에서는 이 부분에 대한 피고 측의 반론을 들어 보겠습니다. 피고 측 변호인, 시작하세요.

이대로 변호사 원고가 잘한 일도 없지는 않겠죠. 원고는 최근 자신에 대해 좋은 평가가 나오는 것을 기회로 삼아서 자신의 잘못은 덮어 두고 흑과 백을 바꾸려 하고 있습니다. 오늘은 왜 원고가 '혼군(昏君)', 즉 '어리석은 임금'이란 말을 들어야 했는지 밝히겠습니다. 피고는 왜 '반정'을 일으킬 수밖에 없었는지 말씀해 주시지요.

이귀　내가 반정을 일으킨 이유는 크게 세 가지로 말씀드릴 수 있습니다. 첫째, 원고 광해군은 인륜(人倫)을 저버렸습니다. 어머니를 어머니로 모시지 않았습니다. 아무리 인목 대비가 자신을 낳아 준 어머니가 아닐지라도 아버지인 선조 임금의 정실 왕비이니 어머니로 모시지 않을 수 없었습니다. 그런데 인목 대비의 부모와 어린 자식인 영창 대군을 죽여 고통을 주고, 궁에 가두었습니다. 조선의 정신이 유교이고, 유교의 큰 가르침이 효도인데, 이런 불효를 저지르고 어찌 백성의 부모 격인 왕 노릇을 할 수 있겠습니까? 게다가 형과 아우를 죽이고 그것도 모자라 주변 사람들까지 죽이는 패륜(悖倫)적 행위를 저질렀습니다.

인륜
군신·부자·형제·부부 따위 인간 관계를 의미합니다.

패륜
인간으로서 마땅히 해야 할 도리에 어그러지는 것을 말합니다.

옥사
반역, 살인 따위의 크고 중대한 범죄를 다스림 또는 그 사건을 말합니다.

이대로 변호사　이게 첫 번째 이유이고, 두 번째 이유는 무엇입니까?

이귀　당시에는 정치가 어지러워 나라가 위태로웠습니다. 그런 상황에서 광해군은 여러 차례 큰 옥사(獄事)를 일으켜 죄 없는 사람들을 가혹하게 죽였습니다. 민가 수천 호를 철거시키고 두 궁궐을 새로 지었는데, 이러한 토목 공사 일은 10년이 지나도 끝나지 않았습니다. 그리고 원고는 선왕조를 모셨던 원로 대신들을 모두 쫓아내고 악한 짓을 권유하는 무리만을 등용하고 신임했습니다. 뇌물을 바친 자들만 기용해서 무식한 자들이 조정에 가득했고, 마치 장사꾼이 물

천자
천제의 아들, 즉 하늘의 뜻을 받아 하늘을 대신하여 천하를 다스리는 사람이라는 뜻으로, 군주 국가의 최고 통치자를 이르는 말이지요. 우리나라에서는 임금 또는 왕이라고 했습니다. 같은 말로는 천황, 천후 등이 있습니다.

건을 사고팔듯이 관직을 샀습니다. 나라에서 부리고 거두어 가는 것이 극심하여 백성들은 살 수가 없다고 아우성을 쳤습니다.

이대로 변호사　그렇군요. 마지막 세 번째 이유는요?

이귀　원고 광해군은 나라 사이의 은혜를 저버리는 일을 했습니다.

이대로 변호사　자세하게 말씀해 주세요.

이귀　당시 조선은 중국을 섬겨 온 지 200여 년이 지났습니다. 조선과 중국의 관계는 의리로 따지면 군주와 신하의 사이였지만, 은혜로 따지면 부모와 자식의 사이라고 할 정도로 각별했습니다. 임진왜란 때 중국의 도움이 없었으면 어찌 되었겠습니까? 아마 멸망했겠죠. 무너질 뻔한 나라를 다시 일으켜 준 은혜를 쉽게 잊을 수는 없는 법이지요. 그래서 선왕인 선조께서도 40년간 임금 자리에 계시면서 지성으로 중국을 섬기며 평생 한 번도 서쪽으로 등을 돌리고 앉으신 적도 없었습니다. 그런데 광해군은 감히 은덕을 저버리고 중국 천자(天子)의 명령을 두려워하지 않았으며 배반하는 마음을 품고 오랑캐와 화친했습니다.

판사　잠깐만요. 중국은 어디고 오랑캐는 어디지요? 어떤 사람들은 중국을 오랑캐라고 부르기도 하던데요.

이대로 변호사　존경하는 판사님, 그때의 상황을 판단하려면 당시의 생각이나 용어에 입각하여 접근해야 한다고 생각합니다. 여기서 오랑캐는 동북 변방의 여진족을 말하고, 중국은 중원의 한족 국가로 이해하면 되겠습니다.

김딴지 변호사 그럼, 조선도 오랑캐가 되겠네요. 내 참…….

이대로 변호사 뭐라고요?

판사 자, 다들 조용히 하십시오. 쓸데없이 논란이 빚어질 그런 표현 대신 가치 중립적인 용어를 사용할 수 없을까요?

이대로 변호사 알겠습니다. 그럼, 지금부터 명나라와 후금이라 하겠습니다. 그러니까 1616년 명나라가 후금을 정벌할 때 원고가 명나라로 지원군을 보내며 총사령관에게 "사태를 관망하여 향배(向背)를 결정하라"고 은밀하게 지시했습니다. 그리하여 우리 군사가 후금에 항복하게 만들었고, 결국 은혜를 배신하고 오랑캐에 투항하는 추악한 이름이 천하에 퍼져, 우리나라는 짐승의 나라를 모면하지 못하게 되었습니다. 이게 다 저 광해군이 왕의 자리에서 한 짓입니다.

김딴지 변호사 이의 있습니다. 피고 측 변호인은 심각한 중국 사대주의자로 편견에 가득 찬 발언을 하고 있습니다. 그리고 세 번째 이유에 대해서는 재판 둘째 날에 밝힌 바와 같이 원고가 지극히 현명하게 처신한 것이었습니다.

판사 자, 그러면 재판 둘째 날에 세 번째 사유에 관해서는 심리했으니, 오늘은 첫 번째, 두 번째 사유에 대해 본격적으로 살펴보면 되겠군요. 그리고 피고 측의 발언은 충분히 일리가 있다고 봅니다. 피고 측 변호인, 하던 얘기를 계속하세요.

향배
좇는 것과 등지는 것이라는 뜻으로, 어떤 일이 되어 가는 추세나 어떤 일에 대한 사람들의 태도를 이르는 말이지요.

모면
어떤 일이나 책임을 꾀를 써서 벗어나는 것을 말합니다.

항복! 항복!
항복이라고? 광해군의 뜻을 펼치시는구나.
명나라한테 혼날 텐데!
조선
뭔가 다른 목적이 있을 거야!
조선이 후금에게 항복했다. 으하하!
와-아
겁쟁이들!
후금

이대로 변호사　예, 판사님. 피고는 반론의 요점을 마무리해 주시지요.

이귀　내가 일으킨 반정은 사필귀정(事必歸正)이라고 할 수 있습니다. 나의 거사야말로 그릇된 역사를 바로잡는 것이었고, 조선을 위한 것이었습니다. 오랜 세월이 흐른 지금에 와서 원고는 터무니없는 주장을 하고 있는 것입니다! 동정을 받아 역사를 뒤집으려 하다니 정말 어이가 없습니다.

사필귀정
올바르지 못한 것이 기승을 부리고 있으나 오래가지 못하며, 결국은 올바른 것이 이기게 되어 있음을 의미합니다.

김딴지 변호사　변론에 앞서 변호사로서 이것만큼은 꼭 말씀드리고 싶습니다. 어느 왕이든 완벽할 수 없습니다. 하지만 왕조 사회에서 제일 우선시되는 것은 바로 왕권의 안정인데요. 왕권이 안정되는 그 과정을 중심으로 봐야지, 너무 결과만 놓고 감정적으로 판단하지는 말아 주십시오. 간곡히 당부를 드립니다.

이대로 변호사　음, 벌써 변명하기에 급급하군요. 말씀 한번 잘했습니다. 왕조 사회의 안정은 어디서 옵니까? 끊임없이 역모 사건을 엮어서 위험 요소를 제거한다고 왕권이 안정되나요? 왕이 왕으로서 본분을 다할 때 질서가 잡히고 정권이 안정되는 것입니다.

판사　마치 연설장 같군요. 양측 변호인께서는 기 싸움은 그만하고 주요 쟁점들을 하나하나 따져 봅시다.

이대로 변호사　네, 판사님. 오늘은 증인을 세 분 모셨습니다.

판사　오늘은 피고 측 변호인이 준비를 많이 하셨군요. 허락합니다. 첫 번째로 나올 증인은 누구입니까?

이대로 변호사　후에 인조가 되는 능양군입니다.

판사 증인 능양군은 앞으로 나와 선서를 해 주세요.

능양군이 앞으로 걸어 나와 증인석에 앉았다.

이대로 변호사 안녕하세요. 증인, 간단한 자기소개를 먼저 해 주세요.

능양군 안녕하세요. 나의 이름은 종(倧)입니다. 나는 선조의 손자이고, 아버지는 정원군(원종으로 추존), 어머니는 인헌 왕후이지요. 능양군으로 있다가 인조반정을 통해 조선의 제16대 왕이 되었습니다. 죽은 후에는 인조(仁祖)라는 묘호를 얻었습니다.

왕가의 한 사람으로서, 광해군의 조카인 내가 왜 반정에 적극 가담할 수밖에 없었을까요? 비극이지요. 가장 큰 비극은 광해군의 형 임해군을 죽인 사건입니다. 선조 임금이 돌아가시고 광해군이 왕위를 계승하고 명나라에 승인을 요청했는데, 명나라는 맏아들 임해군이 있는데 왜 둘째가 왕위를 계승했느냐고 따졌어요. 1608년 선조의 죽음을 알리고 광해군의 즉위를 승인받기 위해 명나라에 갔던 사신이 말실수를 하고 말았습니다. "임해군이 병에 걸려서 왕위를 감당할 수 없어 양보했다"라고 말을 한 것입니다. 그러자 명나라에서는 이를 확인하기 위해 조선에 사신을 보냈습니다.

이대로 변호사 그때 마침 임해군은 유배 중에 있었다고 하던데 사실입니까?

능양군 그렇습니다.

이대로 변호사 그렇다면 임해군은 왜 유배되었지요?

관례
예전부터 해 내려오던 전례가 관습으로 굳어진 것을 의미합니다.

능양군 임해군의 집에 무뢰배들이 드나들고, 집 안에 무기를 소지하는 등 의혹이 제기되었기 때문입니다. 그래서 임해군을 진도로 유배를 보냈다가, 강화 교동으로 옮긴 상황이었습니다. 명나라 사신들이 강화 교동으로 와서 임해군을 만나고 돌아갔습니다.

이대로 변호사 왜 그냥 돌아갔나요?

능양군 광해군 쪽에서 명나라 사신에게 수만 냥의 은을 뇌물로 제공하여 모면한 것이었습니다. 이런 상황의 전후로 임해군을 처형해야 한다는 주장이 나왔어요. 특히 정인홍이 강경한 입장이었지요.

이대로 변호사 그래서 어떻게 됐나요?

능양군 유배지에서 임해군을 목 졸라 죽여 버렸습니다. 이것도 당시에는 병으로 죽었다고 보고되었다가 인조반정 후에 그 사실이 밝혀졌습니다.

이대로 변호사 임해군은 비록 서자였지만 선조의 첫째 아들이었습니다. 어머니는 공빈 김씨. 그러니까 광해군과 어머니가 같은 형제였습니다. 하지만 임해군은 총명함이 원고보다 조금 떨어진다고 해서 늘 동생에게 밀렸습니다. 세자를 정할 때도 동생에게 자리를 내줘야 할 정도였지요. 그렇다고 형을 죽이다니, 어찌 이런 일이 벌어진단 말입니까? 원고는 할 말 있습니까? 입이 열 개라도 할 말이 없지요?

김딴지 변호사 이의 있습니다. 명나라 쪽에 승인 요청을 하는 것은 일종의 의례적인 관례(慣例)였습니다. 명나라 쪽에서 당연히 승인을 해 주는 것으로 의례는 마무리되는 것입니다. 그런데 명나라가 일종의 조선 길들이기 수작을 벌이고, 여기에 임해군이 관련되어 있으니, 왕권의 안정을 위해 제거해야 할 상황이라고 봐야지요. 안 그렇습니까, 원고? 더구나 원고는 처음부터 임해군을 죽일 생각이 없었지요?

광해군 그렇습니다. 삼정승인 이원익, 이항복, 이덕형 등이 모두 목숨을 살려 두어 형제의 도리를 다해야 한다고 주장했습니다. 나도 이에 따르려 했습니다. "은혜를 온전히 해 주는 계책에 있어서도 내 이미 변고가 터진 초기에 결정한 것이다. 비록 온 나라 사람이 다 같이 형률대로 다스리자고 청한다 하더라도 내 어찌 차마 따르겠는가." 이런 전교를 내려 내 의사 표현도 분명히 했어요. 처형하라는 신하들의 요청이 그렇게 빗발쳤지만……, 나는 이를 물리쳤습니다.

이대로 변호사 정말 가증스럽군요. 말로는 그렇게 하고 죽여 버리다니! 원고에게 책임이 없다고 발뺌하지 마세요. 임해군을 목 졸라 죽인 죄인을 처벌하지도 않았잖아요?

판사 피고 측 변호인, 모욕적인 언사나 감정적인 표현은 삼가해 주세요.

이대로 변호사 죄송합니다. 증인에게 더 묻겠습니다. 아버님이신 정원군은 어떻게 돌아가셨습니까?

능양군 계축옥사 2년 후에 신경희의 옥사가 발생했는데, 이 옥사 때 동생 능창군의 이름이 나와서 교동에 유배되었습니다. 공교롭게도 바로 임해군이 죽은 곳이었지요. 동생은 죽음을 피할 수 없다고 생각했는지 스스로 목숨을 끊고 말았어요……. 그리고 이 소식을 들은 아버님께서도 그 충격으로 병을 얻어 돌아가셨습니다.

이대로 변호사 증인도 언제 죽을지 모르겠구나 하는 생각이 들었겠군요? 그래서 적극적으로 거사에 가담하셨고요.

능양군 그렇습니다.

이대로 변호사 증인, 반정을 일으키게 된, 또 다른 증언을 해 주세요.

능양군 광해군은 끊임없이 왕궁 건설 사업에 매달렸습니다. 창덕궁 **중건** 사업을 마친 뒤 창경궁을 **중수**하고, 교하 지역에다 왕궁을 지으려다 실패하고, 인왕산 아래가 명당이라 하여 인경궁을 짓기 시작했는데 마무리를 짓지 못한 채, 내 집이 있던 곳에 **경덕궁**을 지었습니다. 이런 궁궐 건설은 비과학적인 풍수지리에 휘둘린 것이었으며, 이로 인해 국가 재정은 바닥이 나고, 백성들에게 엄청난 부담을 안겨 주는 것이었지요.

이대로 변호사 능양군이 살던 집터에 왕기가 서려 있다 하여 헐고 그곳에 경덕궁을 지었는데 결국 그곳에 살았던 능양군이 왕위에 올랐으니…… 음.

능양군 또한 옥사를 끊임없이 일으켜 죄 없는 사람들을 죽게 했습니다. 이런 옥사는 왕의 권력 기반을 좁게 만들었고, 정작 역모가 현실로 일어났을 때 이를 막아 줄 사람이 없게 된 것이지요.

이대로 변호사 그렇군요. 없던 역모 사건도 만들어 내더니, 진짜 역

중건
절이나 왕궁 따위를 보수하거나 고쳐 짓는 것을 이릅니다.

중수
건축물 따위의 낡고 헌것을 손질하고 고치는 것입니다.

경덕궁
현재의 경희궁을 말합니다.

모 사건이 일어나 왕위에서 쫓겨났다, 흥미로우면서도 그 의미가 깊은 얘기입니다. 증언, 진심으로 감사합니다. 존경하는 판사님, 임해군 교살 사건은 패륜 행위의 시작에 불과했고, 또 공안 사건의 예고편에 불과했습니다. 두 번째 증인으로 인목 대비를 모시고 싶습니다.

판사 허락합니다.

인목 대비는 앞으로 나오자마자 갑자기 원고 광해군에게 달려드는 바람에 법정 안이 잠시 술렁거렸다. 법정 경호원이 서둘러 이를 저지했다.

판사 증인! 진정하시고 선서를 해 주세요.

이대로 변호사 증인의 심정을 충분히 이해합니다. 하지만 진정하세요. 그리고 자기소개를 먼저 해 주세요.

인목 대비 나는 조선 제14대 왕 선조의 정실 왕비로서 아들을 낳았는데 바로 영창 대군이지요. 그런데 바로 저, 저놈이 계축옥사를 일으켜 내 아버지 김제남을 죽이더니, 끝내는 내 자식까지 죽였어요. 왕위에 오르는 데 내가 협조했건만, 기어이 내 아들을 죽이고 말았지요. 여덟 살짜리 아이가 뭘 안다고, 역모에 억지로 옭아매서 바로 저놈이 죽였어요. 내 자식 내놔라! 내 자식을……!

인목 대비는 눈물을 흘리며 대성통곡을 했다. 그러고 나서 원고를 노려보며 앞에 놓인 서류 뭉치를 들어 던지기 시작했다.

판사 증인이 도저히 증언을 할 수 있는 분위기가 아니군요. 바로 퇴정하게 하세요.

잠시 후 서너 명의 법정 경위들이 몰려와서 인목 대비를 부축하여 밖으로 끌고 나갔다.

농간
남을 속이거나 남의 일을 그르치게 하려고 간사한 꾀를 부리는 것입니다.

이대로 변호사 얼마나 자식 잃은 슬픔이 컸으면 수백 년이 지난 지금까지도 저러겠습니까? 그럼 피고에게 묻겠습니다. 광해군과 대북파들은 여러 차례 옥사를 일으켜 죄 없는 사람들을 죽였습니다. 1612년(광해군 4) 2월, 김직재 역모 사건이 있었습니다. 봉산 군수의 고변으로 시작되었다 하여 봉산 옥사라고도 합니다만, 이 역모 사건은 날조된 것입니다. 이 사건을 처리하면서 소북파에게 밀리던 대북파가 우세하게 되지요. 원고가 대북파의 농간에 놀아난 것이지요. 그 후로도 옥사가 계속되었지요. 이듬해 발생한 일곱 서자의 옥사에 대해 피고가 설명해 주세요.

이귀 네. 1613년(광해군 5) 4월, 문경 새재에서 은상(銀商)을 살해한 사건이 있었습니다. 이 사건이 계축년에 일어났다 하여 '계축옥사' 또는 일곱 서자가 관련되었다 하여 '칠서(七庶)의 옥사'라고도 부릅니다. 7서, 즉 일곱 서자는 다들 명문 양반가의 서자들이었는데, 박응서 등이 그들입니다. 1608년 서자의 벼슬길을 열어 달라고 조정에 요청했다가 거부당한 적이 있습니다. 이에 친하게 어울리던 이들은 병란에 대비한다는 명분으로 무리를 모아 거사를 도모하려 했으며, 새재에서 은상을 턴 것은 그 자금을 마련하기 위한 것이었다는 것입니다.

이대로 변호사 그렇다면 적서 차별에 불만을 품어서 생긴 사건인가요?

이귀 그렇습니다. 그런데 문제는 그 조사 과정에서 이상한 말이 흘러나온 것입니다. 김제남이 총지휘를 했고, 장차 왕으로 영창 대군을 세우기로 했다는 것이지요.

이대로 변호사 잠깐만요? 김제남은 아까 증인으로 나왔던 인목 대비의 아버지, 그리고 영창 대군은 인목 대비의 아들 아닙니까?

이귀 그렇습니다. 이게 다 죽게 되어 지푸라기라도 잡으려 한 박응서를 이이첨이 꼬여서 거짓말을 하게 한 것입니다. 다시 말해서 이것은 이이첨이 꾸며 낸 것인데, 그 조사 과정에서 연루되었다는 사람들이 잡혀와 고문을 당하다 죽었습니다. 이것은 영창 대군을 제거하기 위한 음모였습니다!

이대로 변호사 이이첨에 대해서 잠깐 소개해 주세요.

이귀 이이첨은 대북파를 실질적으로 이끈 인물이었습니다. 정인홍이 대북파의 지도자로서 권위를 갖고 있었습니다만, 정인홍은 벼슬을 하지 않고 조정 밖에서 의견만 냈습니다. 조정에서 직접 대북파를 이끌고 실제적인 행동을 한 사람은 바로 이이첨이었습니다.

이대로 변호사 잘 알겠습니다. 계속해 주세요.

이귀 영창 대군과 김제남을 제거하고 나면 반드시 인목 대비도 위태로워질 수밖에 없다는 것을 금방 느꼈습니다. 그래서 어떻게든 막아야 한다는 생각에 영향력 있는 어른들께 말씀드렸던 것입니다. 그러나 사헌부와 사간원에서 김제남을 죽이라고 난리였습니다.

김딴지 변호사 원고 광해군은 "쥐를 잡기 위해 돌을 던지고 싶어도 그릇을 부술까 걱정된다"라며 그냥 한곳에 머무르게 한 후 출입을 할 수 없도록 하는 벌만 내렸습니다.

이귀 하지만 삼사(三司)의 빗발치는 요구로 결국은 김제남에게

삼사
조선 시대 언론을 담당한 사헌부, 사간원, 홍문관을 말합니다.

사약을 내렸고, 영창 대군은 강화도에 유배시켰습니다!

이대로 변호사 영창 대군은 살렸다는 건가요?

이귀 아닙니다! 다음 해에 강화 부사가 이이첨의 사주를 받아 영창 대군을 방에 가두고 불을 질러 질식시켜 죽여 버렸습니다. 이렇게 잔인한 패륜 행위가 어디 있습니까? 아니, 아직 세상을 잘 알지도 못하는 여덟 살짜리가 무슨 역적질을 할 수 있다고 그 어린 동생을 죽여 버리다니…….

이대로 변호사 그 일로 인해 원고는 민심을 크게 잃었습니다. 그리고 인목 대비는 세상의 동정을 사게 됩니다. 원고의 잔임함이 온 세상에 드러난 것입니다.

김딴지 변호사 왕권의 특수성을 고려해야 합니다. 왕조 사회에서 왕권을 지키기 위한 과정에서 발생할 수 있는 일입니다. 영창 대군을 중심으로 한 반역은 얼마든지 일어날 수 있었습니다. 반역의 무리들이 그런 식으로 세력을 모으기 전에 그 싹을 제거해야 하는 것이지요. 그게 어디 광해군 때만의 일입니까? 선조 임금 때도 있었고…….

판사 김 변호사, 평소답지 않군요. 그런 변명을 늘어놓다니요. 그런 변명은 하지 않아도 판단은 제가 합니다. 피고, 계속 말씀하세요.

이귀 내가 걱정한 대로 이제 원고의 창끝은 인목 대비에게로 향했습니다. 인목 대비는 왕실의 최고 어른인 대왕대비로서 원고가 순조롭게 왕위에 오를 수 있도록 협조했습니다. 그런데 그 은혜마저 저버리고 말았습니다.

이대로 변호사 아니, 영창 대군이 죽었으니 불안 요소는 제거된 것 아닙니까? 그런데 인목 대비까지 문제 삼았다 이겁니다. 여기서 당시 정승으로 일하셨던 오성 부원군 이항복을 증인으로 요청하겠습니다.

판사 좋습니다. 증인은 앞으로 나와서 선서하세요.

증인 이항복이 앞으로 나와 선서를 했다. 이항복이 '오성과 한음'이라는 일화로 익히 알려져 있는 터라 방청객들의 많은 관심을 불러일으켰다. 방청석이 술렁거리자 판사가 법봉을 두드리며 주의를 주자 이내 조용해졌다.

이대로 변호사 증인, 먼저 간단히 자기소개를 해 주세요.

이항복 나는 '오성'이라고 불린 이항복이라고 합니다. 임진왜란 때 선조 임금을 옆에서 모시면서 외교와 군사 부문에서 많은 활약을 했습니다. 영의정을 지내기도 했습니다. 광해군 시절에도 높은 벼슬을 지냈는데, 광해군이 제기한 소송에 피고 측 증인으로 출석하게 되어 만감이 교차합니다.

이대로 변호사 증인은 뛰어난 능력과 경륜, 그리고 원만한 성품으로 명망이 높았지요. 그래서 광해군 대에 들어서도 이원익, 이덕형 등과 함께 삼정승을 구성했던 것이지요. 그런데 왜 이렇게 옥사가 계속되었습니까?

이항복 임해군 처리만 해도 그럴 수 있겠다 싶었는데, 영창 대군을 강화도에 가두고 살해한 것은 너무했습니다. 상황은 이제 적당한 수

통문
여러 사람의 이름을 적어 차례로 돌려 보거나, 그런 문서를 보내 알게 하는 것이지요.

정청
모든 신하들이 궁정에 모여 큰일을 보고하고 왕의 답변을 기다리는 일입니다.

준에서 멈출 수가 없었어요. 계축옥사 조사 과정에서 인목 대비의 이름이 나왔는데 처음엔 문제 삼지 않다가 점차 대비를 몰아내는 방향으로 움직였어요.

이대로 변호사 효를 최고의 가치로 여겼던 조선 사회에서 감히 어머니를 해치는 상황은 생각할 수 없는 일이었을 텐데요. 아무리 친어머니가 아니더라도 말이지요.

이항복 계축옥사의 진실 여부도 의문이 듭니다만, 결국 이 과정을 통해 대북파는 넘어서는 안 될 선을 넘고야 말았습니다.

이대로 변호사 넘어서는 안 될 선이라면 무엇이죠?

이항복 폐모, 즉 어머니를 어머니가 아니라고 하는 것이지요. 당시 팔도의 유생들이 들고일어나 통문을 돌리며 이런 폐모 논의는 짐승들이나 하는 짓이라고 비판하고 나섰습니다. 그러나 광해군은 인목 대비를 서궁(西宮)으로 옮겨 사실상 감금 상태에 두었습니다. 이에 재야 사림들이 크게 반발하였지요.

이대로 변호사 서궁은 경운궁을 일컫는데, 덕수궁의 옛날 이름이지요. 그때는 아마 지금 남아 있는 규모보다 더 컸다지요. 계속하시지요.

이항복 그런데 끝내는 1618년(광해군 10) 1월 폐모 정청(庭請)이란 것을 벌였습니다. 그 일로 인목 대비의 모든 지위를 박탈하고 후궁으로 격하시켰지요.

이대로 변호사 그럼, 증인은 이원익, 이덕형과 함께 왕을 보필하는 자리에 있었는데 도대체 뭘 했지요?

이항복 형 임해군에게 은혜를 베풀라고 말씀드렸었는데, 나중에

덕수궁. 1963년 1월 18일 사적 제124호로 지정된 곳으로 광해군은 이곳에서 즉위했고, 즉위 초에 덕수궁을 넓혀 지금의 정동 1번지 일대를 궁궐의 경내로 만들었습니다.

옥사가 계속되면서 그 발언 때문에 오히려 곤란을 겪게 되었지요. 또 내가 추천한 인물이 봉산 옥사에 연루되었다 하여 나를 공격하는 주장들이 빗발치기도 했습니다. 영창 대군의 유배 문제가 나왔을 때 이덕형이 동생에게 은혜를 베풀라고 했다가 관직을 잃었지요. 이덕형은 시골집에 돌아가 있다가 세상을 떠났습니다. 그리고 영창 대군은 살해되었습니다.

이대로 변호사 폐모 논의가 나왔을 때는요?

이항복 폐모론이 나오자 이덕형과 의논하여 이에 대해 반대 상소를 올리고자 했으나 벼슬에서 물러나는 바람에 올리지 못했지요. 이원익 대감도 폐모의 분위기를 알고 글을 올려 반대했다가 유배되었습니다. 나도 물러나 있다가 인목 대비를 폐하는 것을 반대하는 글을 올렸습니다. 하지만 나는 유배를 가는 도중에 세상을 떠났습니다.

이대로 변호사 판사님, 그리고 방청객 여러분, 증인은 원만한 성품과 업무 수행에도 불구하고 정치적으로 시련을 겪게 되었다는 것은 그만큼 임금이 정치를 못했다는 것 아니겠습니까? 광해군 정권의 지나친 옥사는 정권을 안정시키기는커녕 오히려 더욱 불안한 정국을 만들었습니다. 그런데 그런 옥사들이 왜 생겼고, 누가 이득을 보았다고 생각합니까?

이항복 우선 일차적인 원인은 왕의 마음에 있다고 봅니다. 그리고 이를 간파하고 앞장선 세력이 있었습니다. 이이첨이 중심 인물이었지요. 몇 차례 옥사를 거치는 동안 이이첨 등의 세력이 너무 커졌습니다. 그러니 그 무리는 계속 옥사를 만들어 내야 했겠지요. 그렇다고 해도 이이첨이 권세를 휘두르게 놔둔 책임은 아무래도 한 나라의 왕인 광해군이 져야겠지요.

김딴지 변호사 이의 있습니다! 지금 일방적으로 피고 측 의견만 듣고 있습니다. 원고에게도 발언할 기회를 주시기 바랍니다.

판사 좋습니다.

김딴지 변호사 원고에게는 나름의 사정이 있었습니다. 인목 왕후와의 관계에 대해 말씀을 해 주시지요.

광해군 네. 사실 나는 처음부터 아홉 살 아래인 인목 대비를 어머니로 모시기가 불편했습니다. 대비의 아버지와 아들을 결국 내 손으로 죽인 꼴이 되자 얼굴 보기도 불편해졌습니다. 아침저녁으로 문안 인사를 하는 일이 보통 고역이 아니었습니다. 가 봤자 인목 대비도 날 보지 않으려 했고요. 1611년 겨울, 인목 대비에게 아침 문안을 드린 것을 끝으로 대비를 경운궁에 모셔다 놓고 나만 창덕궁으로 돌아왔지요.

이대로 변호사 눈치 빠른 신하들이 인목 대비의 죄상을 들면서 분위기를 조성한 거로군요. 1615년, 인목 대비의 죄상을 담은 교서를 반포하여 확실하게 했지요. 이게 결국 원고의 뜻대로 된 것 아닙니까?

광해군 대비를 중심으로 역모를 일으키려 한다는 사건이 자꾸 발생하니 그냥 둘 수 없었습니다. 1618년 1월 신하들이 모여서 폐모를 정식으로 요청했습니다. 결국 인목 대비의 지위를 박탈하고 그에 따른 예우를 모두 없애기로 했습니다. 대비가 머물고 있는 궁 이름도 그냥 '서궁'이라 부르고 후궁 수준으로 지위를 낮추었습니다.

이대로 변호사 원고는 참 가련합니다. 그렇게 해서 대비를 중심으로 한 역모를 막았습니까? 결과적으로 오히려 그런 역모가 일어나도록 만든 것 아닙니까?

김딴지 변호사 그렇다고 그것이 역모를 정당화시킬 수 있나요? 그것이 왕을 폐할 이유가 되지는 못합니다. 충은 효(孝)만큼이나, 아니 그 이상의 중요한 가치였습니다. 길게 변론하지 않겠습니다만, 그 점만은 분명히 해 두었으면 합니다.

이대로 변호사 이런 와중에 이이첨이란 자가 권력을 장악했지요. 이게 다 광해군의 부덕이 아니고 무엇이겠습니까? 이이첨 등의 대북파가 조정을 완전히 장악했는지 모르겠습니다만, 조선 정조 때 이긍익이 펴낸 『연려실기술』에 따르면, "서인이 이를 갈고, 남인이 원망을 품으며, 소북이 비웃는" 그런 상황이었습니다. 이런 사태의 최종 책임자는 누구겠습니까? 바로 원고 광해군입니다!

판사 잘 들었습니다. 지금부터는 인조반정에 대해 좀 더 구체적으로 알아보겠습니다. 피고 측 변호인, 시작하세요.

이대로 변호사 피고, 반정을 일으킨 이유가 무엇입니까?

이귀 앞에서 말씀드린 바와 같이 광해군은 반인륜적 행위를 저질렀고, 또 명나라가 베푼 은혜도 저버렸습니다. 그래서 뜻있는 사람들끼리 거사를 일으키기로 한 것입니다.

이대로 변호사 거사에 가담한 사람들은 누구누구였습니까?

이귀 서인들이 중심이었습니다. 이항복 선생의 가르침을 받던 사람들이 많았습니다. 김류, 신경진, 구굉, 최명길, 장유 등입니다. 왕으로 추대된 능양군도 주요한 역할을 했지요. 능양군은 선조의 다섯째 아들 정원군의 장남이니까 선조 임금의 손자이고 광해군의 조카입니다. 동생 능창군이 역모에 걸려 죽음을 당한지라 능양군도 이판사판이었지요.

이대로 변호사 역모 사건으로 계속 공안 정국이 이어지는 판이라 뜻을 모으고 준비하기가 쉽지 않았을 텐데요.

이귀 모두들 광해군의 패륜 행위에 분개하고 있었기 때문에 뜻을 모을 수 있었습니다.

이대로 변호사 피고도 유배를 당하는 등 평탄하지 않은 상황이지 않았습니까?

이귀 뭐, 서인의 원로인 이항복 대감도 귀양을 다녀왔는데요. 내가 귀양을 갔다 돌아오니 아들이 서울은 위험하니 시골에 있는 게 좋겠다고 만류했습니다. 그러나 난 거사를 도모하기 위해 서울로 갔지요.

이대로 변호사 그 후에 또 벼슬에 나갔지요? 피고가 평산 부사로 가서 군사적 준비를 했다고 하던데요.

이귀 내가 평산 부사로 갔는데, 호랑이가 사람을 해치는 경우가 있어 호랑이 사냥에 나섰습니다. 호랑이를 잡아 광해군에게 선물로 보냈습니다. 그리고 호랑이를 추적하다가 내 관할을 넘어 다른 지역에도 갈 수 있다는 허락을 받았습니다. 호랑이 사냥을 핑계로 군사적 활동을 자유롭게 할 수 있었고, 이를 계기로 의심받지 않고 군사를 모아서 서울로 진격할 계획을 짤 수 있었습니다. 그러나 나에 대한 의심이 일고 내가 역모를 꾀하고 있다는 고변도 있었습니다.

이대로 변호사 그렇다면 붙들려 죽을 수도 있었겠네요?

이귀 다행히 파직을 당하는 데 그쳤습니다만, 의심이 완전히 풀리지는 않은 상태였습니다. 이때 나는 오히려 광해군에게 상소를 올리고 큰소리를 쳤지요. 모두 다 모함이라고. 그러고는 세 아들을 데리고 대궐 밖에서 의심이 사라지기를 기다리면서 한편으로는 일을 계속 진척시켰습니다.

이대로 변호사 거참 이상하군요. 역모의 의심을 받으면서도 계속 일을 진척시킬 수 있다니.

이귀 워낙 역모 사건을 꾸며서 이용해 먹다 보니 정작 역모가 진행되었는데도 둔감해진 점도 있었을 것입니다. 아무튼 거사를 더 이상 늦출 수 없는 상황에까지 왔습니다.

국청
조선 시대에 역적 등의 중죄인을 신문하기 위하여 설치하던 임시 관아를 말합니다.

오합지졸
까마귀가 모인 것 같은 무리라는 의미로 사람들이 질서 없이 모인 모습을 말합니다.

이대로 변호사　　피고의 입이 가벼워 이미 누설되었다는 얘기가 있던데.

이귀　　사람을 모으자니 어쩔 수 없었습니다. 어차피 위험이 따르는 일 아닙니까? 그래도 대궐의 경비를 맡고 있는 훈련대장 이흥립을 포섭한 것은 결정적으로 도움 되는 일이었습니다. 이에 따라 더 많은 가담자를 얻을 수 있었고요. 드디어 3월 13일로 거사 날짜를 잡았습니다. 군사 작전의 총대장을 김류로 정했습니다. 김류는 오성 이항복 대감이 신뢰하는 인물인 데다 문인으로서 군사에도 밝아 딱 적합한 인물이었지요.

이대로 변호사　　거사 당일 계획대로 진행되었나요?

이귀　　고변이 들어가 혐의자들을 국문할 국청(鞫廳)을 설치하고 가담자들을 체포하러 군사들이 나섰다는 소식이 전해졌습니다. 그런데 총대장 김류는 나타나지 않았고, 군사도 절반밖에 오지 않았고, 모인 병사들도 오합지졸로 동요하고 있었습니다. 나는 급히 이괄에게 대장을 맡도록 했고 겨우 군사들을 진정시킬 수 있었습니다.

이대로 변호사　　아니, 대장으로 정한 김류가 안 나타나다니요? 혹시 배신을 했나요?

이귀　　아닙니다. 나중에 나타났어요. 이괄을 설득해 다시 대장 자리를 김류에게 돌렸습니다. 이제 대오를 갖추고 나아가니 1,000여 명의 군사들의 기세가 올랐습니다. 신속히 이동하여 북쪽의 작은 문인 창의문을 박차고 들어가 창덕궁 궐문 밖에 이르니 이흥립이 안에서 문을 열어 주어 싸우지도 않고 들어갈 수 있었습니다. 대궐 안 인정전으로 쳐들어가니 광해군과 세자는 이미 도망치고 없었습니다.

이대로 변호사 그렇게 해서 다 끝난 것입니까?

이귀 반격의 빌미를 제거하는 한편, 새로운 임금을 세우는 일이 남아 있었지요. 원래 계획은, 능양군이 이흥립의 군사를 거느리고 친히 서궁에 간다, 그곳에서 인목 대비에게 의거를 일으킨 연유를 직접 아뢴 다음 인목 대비를 모시고 창덕궁으로 돌아온다, 인목 대비가 왕후의 자리에 앉아서 광해군을 폐위하고 능양군을 왕위에 오르게 한다, 등의 순서로 진행되는 것이었습니다.

이대로 변호사 계획대로 되었습니까?

이귀 아니지요. 대비가 쉽게 따라 주지 않았습니다. 죄인인 광해군 부자와 그 일당의 목을 베기 전에는 움직이지 않겠다고요. 그러자 내가 "예로부터 임금을 쫓아낸 일은 있으나 죽인 일은 없습니다. 죄인 부자는 이미 임금으로서 나라를 다스렸기 때문에 죽일 수는 없습니다. 다만 그 일당들은 잡아오는 대로 죽이도록 하겠습니다"라고 말씀드렸지요.

이대로 변호사 아들과 아버지의 죽음에 대한 복수의 일념으로 나날을 버틴 대비였기 때문이라는 생각이 듭니다만. 아무튼 거사를 일으킨 피고는 난감했겠군요.

이귀 능양군에게 부탁하여 직접 서궁에 와서 대비에게 아뢰고 모시고 가게 했습니다. 또 대비가 국새를 달라고 고집을 피워서 갖다 주었습니다. 그제야 대비는 뜰에 엎드려 있는 능양군을 들어오게 하여 왕으로 세우는 예를 갖추게 했습니다. 밤이 깊어 모든 대장들이 참여하지도 못한 가운데 절차를 치렀습니다.

이대로 변호사 왕으로 오르는 절차에 대해 매우 신경을 쓴 것 같은데, 분위기가 좀 미흡한 감이 있군요. 반대 세력의 저항은 없었나요?

이귀 이이첨 등의 일당이 잇달아 체포되어 들어왔습니다. 이이첨은 내게 목숨을 구걸했지만 용서할 수 없었지요. 모두 죽였습니다.

이대로 변호사 광해군은 어찌 되었지요?

이귀 창덕궁이 불에 타던 그날 밤, 광해군은 내시에게 업혀 달아났습니다. 서민의 옷을 입고 민가에 숨어 있다가 고발한 자가 있어 붙들려 왔지요. 일단 가두었습니다.

이대로 변호사 이상과 같이 인조반정의 경과를 알아보았습니다. 의거가 아주 쉽게 성공한 것처럼 느낄지 모르겠습니다. 그것은 광해군의 잘못된 정치로 그만큼 뜻있는 사대부와 일반 백성의 민심이 돌아서 있었다는 것을 보여 주는 것입니다. 이상입니다.

판사 네, 원고 측 반대 신문을 하시지요.

김딴지 변호사 반역이라니 어찌 신하 된 자의 도리라 할 수 있습니까? 더욱이 광해군이 역모의 고변을 듣고서도 믿어 주었는데 그런 식으로 인간적인 배신을 하다니요! 한 가지만 묻겠습니다. 반란이 끝난 뒤에 쿠데타에 가담했던 핵심 인사였던 장유와 최명길이 한 얘기가 있었지요?

이귀 무슨 얘기를 말씀하시는지요?

김딴지 변호사 제가 말씀드리지요. 두 분 말씀이 "우리들이 윤리를 밝히기 위해서 반정을 하였는데, 만약 좋은 벼슬을 차지한다면 이것

내가 다시 지은
창덕궁이 불에 타다니…
이럴 수가!
광해군을
잡아라!
잡아라!
전하~
어서 피하세요!
전하~ 반정군이
몰려와요!
아이고!

은 공을 바라는 일이 될까 혐의스러우니, 조정 정사는 딴 사람에게 맡기고 물러앉는 것이 좋겠다"라고 했지요?

이귀 아하, 그 말씀? 맞습니다. 옛글에 "공이 있으면 상을 주고 능력이 있으면 벼슬을 준다"는 말이 있긴 하지요. 그래서 훈신에게 상을 주더라도 벼슬을 줄 것은 아니라는 주장도 있고요. 그러나 난 그 말에 찬성하지 않았습니다. 그래도 구차해서 물러나려 했지요. 이때 새 임금이 붙잡아서 머물렀습니다. 사실이지 반정을 일으켰으면 책임을 져야 할 것 아닙니까? 더구나 쫓겨난 임금 밑에서 못된 주장을 펴던 사람들이 중요한 벼슬자리를 그대로 꿰차고 앉아 있는 모습은 도저히 봐줄 수가 없었습니다.

김딴지 변호사 쿠데타에 핵심 인물로 가담한 이괄이 곧 반란을 일으켰지요? 이것은 그만큼 거사에 참가한 동기가 순수하지 못하다는 것을 증명한 것 아닙니까?

이귀 변동기에는 꼭 그런 권세를 부리려는 사람들이 있기 마련이지요.

김딴지 변호사 그 당시가 곧 여진족이 쳐들어올 수도 있는 대외적 위기 상황 아닙니까? 이러한 위급한 때에 내부에서 반란을 일으킨 행위가 옳다고 생각하십니까? 실제로 정묘호란 때 후금이 그런 걸 빌미로 침략해 오게 하지 않았습니까?

이귀 …….

김딴지 변호사 왜 대답을 못하십니까? 엄청난 피의 숙청을 단행했지요. 그만큼 자신이 없었던 것 아닙니까?

이귀　그들은 워낙 민심을 잃고 지탄의 대상이 되었던 사람들이어서 어쩔 수 없었지요.

이대로 변호사　반정을 일으킨 서인 정권은 서인만이 아니라 남인들도 기용하는 통이 큰 정치를 펼쳤지요. 대북파를 제외하고는 인재를 광범위하게 등용하고자 노력했습니다. 반정이 일어난 것은 대북파가 너무 편협하게 정국을 운영했기 때문이지요. "서인이 이를 갈고, 남인이 원망을 품고, 소북이 비웃는" 상황에서 정변이 일어난 것이라는 평가가 오래전부터 있었으니까요.

김딴지 변호사　원고 측 변호사로서 광해군이 위기 상황을 너무 안이하게 대응하지 않았나 하는 생각이 듭니다만…….

광해군　나도 변명 좀 합시다. 원정군과 명나라 연합군이 후금에게 패배한 것은 내가 옳았다는 것을 신하들에게 내세울 수 있는 분위기를 조성했지요. 그러나 폐모에 이어 해외 원정의 패배는 임금으로서의 권위를 손상시키는 일이기도 했어요. 이 분위기 속에서 주전론을 폈던 이이첨 등 대북파를 멀리하고, 폐모론으로 밀려났던 사람들에게 다시 자리를 회복시켜 주었습니다. 이이첨의 정국 운영이 정치를 더 어렵게 했고, 서인들이 정변을 일으켰으니 나는 양쪽에서 배신당한 셈입니다.

2

광해군 시절의 실록은 왜 두 가지일까?

이대로 변호사 원고 측에서는 오랜 세월이 지나면 사람들이 잊게 되는 자연스런 현상을 이용해 흑과 백을 바꾸려 하고 있습니다. 광해군의 죄악상에 대해서는 지금도 분명하게 기록으로 남아 있습니다. 어찌 손바닥으로 하늘을 가리겠습니까?

김딴지 변호사 판사님, 이의 있습니다. 옛날 기록을 가리지 않고 마구 인용해 대니 정말 한심합니다. 피고 측에서 증거로 제시한 그 『광해군 일기』는 매우 신중한 접근이 필요합니다. 그 기록을 쓴 자가 누구입니까? 바로 반란에 성공한 서인들이 쓴 기록입니다. 따라서 공정한 기록이라 할 수 없습니다.

이대로 변호사 저도 이의 있습니다. 김딴지 변호사, 헷갈리게 하지 마세요. 역사 기록에서 출발하여 역사적 사실을 검토하는 것은 지극히 당연한 것 아닙니까?

김딴지 변호사 인조반정을 일으킨 서인들은 역사 기록 바꿔치기를 능사로 하는 세력입니다. 이미 『선조실록』이 완성되어 있었는데, 새로 『선조수정실록』을 만들었습니다. 자신들의 정치적 정당성을 억지로 강조하기 위한 것이었지요. 서인들은 나중에 『현종실록』도 개수하여 『현종개수실록』을 만들었습니다. 이게 역사를 농락하는 게 아니고 무엇입니까?

이대로 변호사 무슨 말을 그렇게 함부로 하십니까? 순진한 사람이 들으면 오해하겠습니다. 피고가 해명을 좀 해 주세요.

이귀 『선조실록』은 북인이 주도하여 만든 실록이라는 것은 천하가 다 아는 사실입니다. 그 내용에는 도저히 수용할 수 없는 것들이 많았습니다. 예컨대 『선조실록』은 우리들이 존경하는 학문적 지도자 율곡 이이가 돌아가신 것을 기록하면서 '이조 판서 이이(李珥) 졸(卒)'이라고 딱 한마디만 기록해 놓았습니다. 너무도 편파적인 것 아닙니까? 웬만한 위인이 돌아가셔도 상당한 분량을 할애하여 그분의 삶을 조명하는데, 어찌 율곡 선생의 죽음에 대해 '졸(卒)'이라는 단 한마디만 할 수 있습니까?

판사 아하, 그러니까 후대에 율곡은 서인으로 분류해서 그와 대립했던 동인에서 갈라진 북인이 홀대를 했다는 거지요? 그럼 『현종실록』은 어떤 사유였습니까?

이귀 『현종실록』도 남인들이 만들어서 공정하다고 볼 수 없습니다. 우리가 『선조수정실록』과 『현종개수실록』을 만들었지만 그렇다고 기존의 실록을 없앤 것은 아닙니다. 후대의 사람들이 양 기록을 모두 보고 정당하게 평가할 수 있도록 한 것이지요. 저희들은 조금도 숨길 것 없이 정정당당합니다.

김딴지 변호사 지나간 시대도 자기들 맘에 안 든다고 수정해서 새로운 실록을 만들 정도이니 자신들이 직접 만든 『광해군 일기』는 오죽했겠습니까? 피고, 그 실록을 만드는 과정이 어떻게 되지요?

이귀 ▶실록은 본디 한 왕이 죽으면 바로 편찬 작업에 착수해 그 왕의 재위 기간에 있었던 역사를 기록으로 남기는 것입니다. 왕이 죽으면 그 기간의 사료들을 모아 '초초본'을 만들고, 이것을 검토 수정하여 '중초본'을 만듭니다. 이 원고를 다시 정서하여 '정초본'을 만들고, 이것을 대본으로 인쇄하여 완성한 것이 실록입니다.

김딴지 변호사 『광해군 일기』는 서인들이 반란으로 정권을 잡자 얼마 안 되어 편찬 작업을 시작했습니다. 자신들의 반란을 정당화하여 후대에 남기고 싶었겠지요. 그러나 편찬 작업이 원활하지 않았다던데, 그때 무슨 일들이 있었나요?

이귀 우리들과 함께 반란을 일으켰던 이괄이 자신을 잘 대우해 주지 않았다며 불만을 품고 반란을 일으켰어요. 이괄의 반란군이 한양을 점령하는 바람에 사료들이 불타 대부분 사라져 버렸습니다. 이후 재정도 여유가 없는 데다 후금이 언제 공격할지 모르는 상황이어서 작업이 부진했습니다. 그래도 작업을 겨우 마무리했는데, 인쇄도 포기하고 정서본만 두 벌 만들었습니다.

교과서에는

▶ 국왕이 사망하면 다음 국왕 때 사관들이 국왕 앞에서 기록한 시초, 각 간청의 문서들을 모아서 실록을 편찬했습니다.

김딴지 변호사 지금의 증언은 인조반정을 일으킨 서인 정권의 혼란상을 그대로 말해 주는 것이라 하지 않을 수 없습니다. 그런데 『광해군 일기』는 두 가지가 남아 있습니다. 실록을 인쇄하고 나면 그동안의 초초본, 중초본, 정초본은 다 없애 버리는 것이 통상적인 관례인데도 말입니다.

판사 아무래도 서로 모순되는 내용이 남아 있으면 문제가 생길 테니까 그렇겠군요.

김딴지 변호사 그런데 『광해군 일기』는 특이하게도 중초본이 남아 있습니다. 그래서 오늘날 우리는 『광해군 일기』의 중초본과 정서본을 비교해 볼 수 있게 되었습니다. 두 가지를 비교 연구한 학자들에 따르면, 광해군에게 유리하고 서인에게 불리한 내용은 붉은 먹으로 지운 흔적이 있다는 것입니다. 평가야 제멋대로 한다 할지라도 어찌 있는 사실을 왜곡할 수 있단 말입니까? 이것은 만행입니다. 본 법정에서는 역사 기록에 대한 서인들의 만행을 감안하셔서 판단해 주시기 바랍니다.

이대로 변호사 역사란 승자의 기록이라 하지 않았습니까? 초초본과 중초본을 남겨 놓은 것만 해도 다행으로 생각해야지…….

판사 자, 그만들 하세요. 두 분 다 더 하실 말씀이 없으면 세 번째 재판을 이만 끝낼까 합니다.

김딴지 변호사, 이대로 변호사 없습니다.

판사 그러면 여기서 재판을 마치기로 하고, 잠시 후 원고와 피고의 최후 진술을 듣도록 하겠습니다.

땅, 땅, 땅!

자랑스러운 우리의 문화유산 『조선왕조실록』

『조선왕조실록』은 조선의 제1대 태조로부터 제25대 철종까지, 472년 동안의 역대 왕들의 행적을 중심으로 기록한 것입니다. 날짜 순서대로 서술하는 편년체 방식을 따랐으며 정치, 외교, 군사, 경제, 법제, 인륜 등 여러 방면의 역사적 사실을 담고 있습니다. 조선에서는 실록청을 설치하여 그 왕에 대한 실록 편찬을 착수했습니다. 실록청에는 조정의 중요 관리들이 직책을 맡아 참여했고, 사초와 시정기, 그리고 여러 나라의 기록이 실록의 자료로 활용되었습니다. 이 가운데 사초가 중요했는데, 사초란 무엇일까요? 사초를 한 번 더 손질한 것이 정초본인데 이것이 정본으로서 인쇄 작업에 들어가게 됩니다. 이때 그 앞의 초초본과 중초본은 모두 물에 씻어 없애 버립니다.

완성된 실록은 춘추관과 지방의 사고에 1부씩 보관했습니다. 조선 전기에는 춘추관 이외에 충주, 전주, 성주 등 지방 중심지에 보관했습니다. 하지만 임진왜란을 겪으면서 전주 사고에 보관한 것을 빼놓고는 모두 불타 버렸습니다. 그 이후 병자호란을 겪으면서 묘향산 사고는 적상산으로, 강화도 마니산 사고는 정족산으로 옮겼습니다.

이렇게 편찬하고 보관하여 오늘까지 남아 있게 된 『조선왕조실록』은 역사 기록으로서 자료적 가치가 매우 높습니다. 그래서 1997년에 『훈민정음』과 함께 유네스코 세계 문화유산으로 등록되었습니다.

휴 정
인 터 뷰

다알지 기자

시청자 여러분, 안녕하세요? 역사공화국 법정 뉴스의 다알지 기자입니다. 저는 지금 광해군 대 이귀의 마지막 재판을 마친 한국사법정에 나와 있습니다. 마지막 재판에서는 원고인 광해군을 비극으로 몰아넣고 피고인 이귀가 권력을 잡은 인조반정에 대해 변론이 오갔습니다. 둘째 날과 달리 피고 측의 주장이 굉장히 거셌습니다. 역사는 승자의 기록이라는 말을 입증하듯, 광해군의 명예 회복을 어렵게 만든 역사 기록에 대한 비판적 고찰도 있었고요. 오늘 재판으로 정식 재판 절차는 모두 마쳤습니다. 그동안 열심히 변호를 맡아주신 양쪽 변호사의 소감을 들어 보도록 하겠습니다. 자, 양측 변호사 두 분은 충분히 변론을 하셨다고 생각하시는지요? 그리고 혹시 아쉬웠던 점은 없었는지, 승소는 장담할 수 있는지, 먼저 원고 측 변호인인 김딴지 변호사의 이야기부터 들어 보도록 하겠습니다.

김딴지 변호사

아무리 역사가 승자의 기록이라고 하지만 우리는 역사 기록을 엄밀히 검토함으로써 진실과 거짓을 구별해 낼 수 있다고 봅니다. 역사가 승자의 기록이란 점을 감안해서 좀 더 비판적으로 보고 전체적으로 헤아려 생각해 본다면 말입니다. 인조반정 세력이 지배했던 조선 시대라면 어려웠겠지만, 이제는 차분하게 그때를 되돌아볼 수 있는 시기가 되었습니다. 광해군이 당시에 당했던 것은 터무니없는 것이었습니다. 더욱이 반정이라 부르짖으며 정권을 잡았던 세력들이 그 후에 어떻게 행동했나요? 자기네들끼리 권력 다툼을 하느라 나라와 백성들을 더욱 힘들게 하였지요. 이번 재판에서 저는 승소를 확신합니다. 재판정의 현명한 판단이 있으리라 믿습니다. 오늘을 살아가는 우리와 후세들을 위해서도 이런 '역사 바로잡기'는 꼭 있어야 한다고 생각합니다.

이대로 변호사

이번 재판을 통해 원고 광해군에 대해 좀 더 이해하게 되었습니다. 특히 둘째 날 재판은 광해군의 치적을 확인하는 좋은 기회가 되었습니다. 그러나 그것과 동시에 왜 광해군이 임금 자리에서 쫓겨나게 되었는지, 왜 반정이 일어나게 되었는지를 다시 한 번 확인하는 기회도 되었습니다. 아무리 왕조 사회라 할지라도 정치는 임금 혼자서 하는 것이 아닙니다. 백성이 있고, 신하가 있습니다. 신하가 따르지 않는다면 어찌 임금이라 할 수 있겠습니까. 원고 광해군의 비극은 바로 이런 현실을 다시 한 번 보여 준 것입니다. 원고 광해군도 이 점을 깨달아야 할 것입니다. 다소 재평가되는 부분이 있더라도 원고는 패소할 것입니다. 판결을 지켜봅시다.

왕위에서 쫓겨날 정도로 폭정을 한 적이 없소 vs 유교 국가에서 인륜을 저버린 왕을 모실 순 없었소

판사 그동안 조선의 15대 왕인 광해군의 명예 회복 요구에 대해 세 번의 법정 변론이 있었습니다. 이제 저나 여러분이나 판단을 해야 할 판결의 시간을 앞두고 있습니다. 그 전에 원고와 피고의 최후 진술을 들어 보겠습니다. 원고와 피고는 마지막 발언을 해 주십시오. 그럼, 원고 측부터 말씀해 주세요.

광해군 존경하는 판사님, 그리고 배심원 여러분. 나 광해군은 조선의 15대 왕이었습니다. 나라가 외국의 침략을 받은 어려운 시대에 세자가 되어 활약했고, 왕이 되어서는 민심을 추스르고 나라를 다시 일으키려고 최선을 다했습니다.

조선은 유교를 국가 이념으로 한 왕조 국가입니다. 유교 국가는 충과 효를 최고의 국가 이념으로 삼고 있습니다. 정당한 절차를 거쳐 왕이 된 나를 몰아낸다는 것은 용납될 수 없는 행위였습니다. 충과 효가 충돌할 때 집안일이라면 몰라도 나랏일에 관해서는 충이 우선입니다. 그런데 저 반역의 무리는 효를 핑계로 충을 저버렸습니다. 저들이 한 행동이 과연 유교 국가의 신하 된 사람들이 할 짓입니까? 무슨 말로 변명하더라도 저들은 유교 국가의 이념을 저버린 반역의 무리입니다.

내가 왕위에 있으면서 했던 치적을 강조하는 의미에서 다시 말씀드리겠습니다. 내가 명하여 처음 실시한 대동법은 백성의 부담을 덜어 주는 좋은 제도였습니다. 이후 계속 확대되어 실시되었다는 사실만 보아도 알 수 있습니다. 내가 허준으로 하여금 편찬하게 한 『동의보감』은 전쟁통에 퍼진 전염병으로부터 백성들의 고통을 덜어주었는데, 지금까지도 그 가치와 명성이 전해지고 있습니다.

나는 무모한 전쟁으로 백성들이 전쟁의 고통 속에 빠져들지 않도록 신중한 외교를 펼쳤습니다. 안타깝게도 이런 나의 고충을 제대로 알아주는 신하가 많지 않았습니다만, 나는 고독한 결단을 내려야 했습니다. 급변하는 동북아 정세를 제대로 읽어 내면서 명분과 실리를 모두 얻는 선택을 했다고 자신합니다.

존경하는 판사님과 배심원 여러분, 물론 나 역시 형과 동생을 죽음으로 내몰고, 아버지 선조의 뜻에 따라 어머니가 된 사람을 인정하지 않는 것은 정말 괴로웠습니다. 그러나 그것은 왕권을 안정되게 유지하기 위해 부득이한 일이었습니다. 왕조 국가에서 왕권 안정을 위해 가장 우선적인 것은 질서 유지입니다.

대동법 시행, 『동의보감』 편찬, 중립 외교 정책 추진 등 나의 업적은 참으로 많습니다. 이런 나를 피고를 비롯한 서인들은 왕위에서 쫓아냈지요.

조선의 왕을 미워서 몰아냈겠습니까? 다 이유가 있었습니다. 나라를 각별히 생각했던 충신들의 결정을 믿어 주십시오. 당시 조선은 임진왜란으로 인하여 황폐해져 있었습니다. 왕의 역할이 매우 중요했습니다.

나는 역모 사건의 처리 과정에서 이이첨이 권력을 남용하고 있다는 것을 알았습니다. 그래서 차츰 그의 권력을 제한하고 다른 당파에 속한 사람을 기용하기 시작했습니다. 이것이 반란의 기회를 준 셈이 되고 말았습니다. 비록 내가 반란에 의해 쫓겨난 불명예를 겪었다 할지라도 그 결과로써 내가 했던 모든 것을 평가하지는 말아 주십시오. 잘한 일은 잘했다고 객관적으로 평가해 주시길 바랍니다. 존경하는 판사님과 배심원들의 균형 있는 판결 기대합니다.

판사 잘 들었습니다. 그러면 다음으로 피고 이귀의 최후 진술을 듣도록 하겠습니다.

이귀 존경하는 판사님, 배심원 여러분. 나는 인조반정의 주역 이귀입니다. 우리의 거사는 불가피했을 뿐만 아니라 필요한 일이었습니다. 당시 정치는 소수의 권세가들의 손아귀에서 놀아났습니다. 옥사가 빈번하고 정치는 실종되어 버렸습니다. 유교 국가에서 가장 중요하게 여기는 인륜이 땅에 떨어졌습니다. 이 모든 것이 바로 광해군으로부터 비롯된 것이었습니다. 우리는 그 근원인 왕을 제거할 수밖에 없었습니다.

또한 우리의 거사는 정당했습니다. 공자의 유학을 발전시킨 맹자께서도 "왕이 잘못하면 혁명을 할 수 있다"라고 하셨습니다. 아무리 왕조 국가라 할지라도 바른 정치를 회복하고자 나쁜 왕을 몰아낼 수 있다는 것입니다. 그래서 후세 사람들이 바른 상태로 돌아간다는 의미로 '반정'이라고 부르는 것이라고 생각합니다. 실패하면 죽을 수도 있었지만 우리는 죽음보다 나라를 바로잡아야 한다는 일념으로 거사를 일으켰습니다. 죽음을 각오하고 반정을 일으킨 우리는 조금도 이성을 잃지 않았습니다. 몰아낸 왕이라도 무자비하게 죽이지 않았다는 점을 보시면 알 수 있을 것입니다. 물론 반정 세력이 정권을 잡고 난 후 잘못한 점이 없지는 않습니다. 그러나 이런 것들이 역사의 흐름을 바로잡은 반정의 정당성을 뒤집을 수는 없을 것입니다. 존경하는 판사님과 배심원들의 정의로운 판단을 기대합니다.

판사　　네, 원고와 피고의 최후 진술을 잘 들었습니다. 저마다 균형과 정의를 말하고 있습니다만, 과연 무엇이 균형 잡힌 판단이고, 무엇이 정의로운 판단인지 독자 여러분도 잘 생각해 보시길 바랍니다. 배심원의 판결서를 참고하여 4주 후에 최종 판결을 내리도록 하겠습니다. 모두들 수고 많으셨습니다. 그럼, 원고 광해군 대 피고 이귀의 재판을 모두 마치겠습니다.

땅, 땅, 땅!

판결문

역사공화국 한국사법정 재판 번호 34 광해군 vs 이귀

주문

역사공화국 한국사법정은 광해군이 이귀를 상대로 제기한 명예훼손 소송에 대해 왕세자로서 활약한 공적과 왕위에 올라 행한 치적 등은 대체로 잘했다고 인정하지만, 반정의 명분을 내주고 이를 막지 못한 부분에 대해서는 결국 본인의 책임이 있다고 판단한다.

판결 이유

첫째, 원고의 전시 활동과 전후 복구 사업은 상당 부분 그 공적이 인정된다. 국가 재정과 민생을 위한 여러 산업 진흥 정책을 추진하여 성과도 있었다. 특히 대동법 시행과 『동의보감』 편찬은 그 필요성과 타당성이 인정된다. 다만 궁궐 건축 사업은 지나쳐서 백성의 생활을 고통스럽게 했다.

둘째, 중립 외교는 매우 신중하고 적절한 정책이었다고 평가된다. 또 신형 화포를 개발하는 등 방어력 증강에도 힘썼다는 점도 공적으로 인정된다. 다만 원고의 대외 정책이 신하들의 지지를 널리 얻지 못한 것은 지도력의 부족이라 하지 않을 수 없다.

셋째, '폐모살제'의 부분에 대해서는 결코 바람직한 것은 아니었지

만, 군왕으로서의 방어 조치라는 점에서 그 정당성은 인정할 수 있다. 그러나 이것이 가족 간의 윤리를 중요하게 여기는 유교 국가에서 반정의 명분이 될 수 있었다는 점도 부인할 수 없다.

이상의 판단을 기초로 할 때 광해군을 연산군처럼 폭군으로 대우하는 것은 부당하다. 다만, 이미 오랜 세월 동안 광해군으로 이름이 굳어져서 이제 와 이름을 바꾸면 자칫 혼란을 줄 수 있고, 지금은 왕조 사회도 아니므로 그 기준에 따라 이름을 바꿔야 할 현실적 이익도 거의 없다. 그러므로 공식적으로는 종전 그대로 '광해군'이라고 부르는 것이 적절하다.

원고 광해군이 겪게 된 비극은 정치력이 부족하여 스스로 초래한 면이 있다. 반대 의견을 무시하고 소수 권세가를 중심으로 무리하게 정국을 이끌어 갔기 때문에 반란이 일어났고, 이를 막아 줄 사람도 없었다. 정치인은 도덕가처럼 옳다는 신념만으로 행동할 수 없다. 아무리 옳은 정책이라도 많은 사람의 동의를 얻도록 노력해야 한다. 오늘을 사는 역사공화국 시민과 정치인들도 이러한 정치적 교훈을 다시금 되새겨 보기를 바란다.

역사공화국 한국사법정 담당 판사 나중립

에필로그

"역사는 끊임없이 되돌아볼 필요가 있는 거야!"

원고 광해군과 피고 이귀의 재판을 마친 뒤 변호사 사무실로 돌아온 김딴지 변호사는 서류 가방을 내려놓고는 의자에 몸을 걸쳤다. 커튼 사이로 주황빛 물감이 풀어지듯 엷은 햇살이 밀려 들어와 김딴지 변호사의 얼굴을 비추었다. 시간이 흐를수록 김딴지 변호사는 긴장이 풀어지는 느낌과 함께 갈증을 느꼈다. 몸을 일으켜 세운 김딴지 변호사는 냉장고 문을 열고 음료수를 꺼내 들었다. 그런데 음료수가 그다지 시원하지 않았다. 마치 김딴지 변호사의 기분처럼…….

"쉽지야 않았겠지만 그래도 완승할 줄 알았는데 일부 승소라니!"

김딴지 변호사는 풀이 죽은 채로 깊은 생각에 잠겼다. 그러나 도무지 알 수 없었다. 김딴지 변호사의 얼굴이 금세 어두워졌다.

"휴, 도대체 뭐를 잘못한 걸까?"

똑똑, 똑똑.

그때였다. 누군가가 문을 두드렸다. 깜짝 놀란 김딴지 변호사는 자세를 고쳐 앉으며 말했다.

"네, 들어오세요!"

김딴지 변호사의 말이 끝나자마자 문이 열리면서 한 중년 남성이 성큼성큼 안으로 들어왔다. 그는 이목구비가 뚜렷하고 선한 인상의 광해군이었다. 김딴지 변호사는 얼른 자리에서 몸을 일으키며 광해군을 진심으로 반겼다.

"아, 어서 오십시오. 얼굴이 많이 좋아졌네요!"

"하하하. 그런가요?"

"예, 그리고 그동안 재판에 임하느라 수고 많았습니다."

"나야 뭐……, 우리 김딴지 변호사께서 수고가 많으셨죠. 정말 고맙습니다."

"그거야 뭐, 제 직업상 해야 할 일을 했을 뿐인데요. 사실 똑같이 힘들여 고생해도 승소하고 나면 피곤이 싹 사라지는 느낌이 들고, 패소하면 더욱 피곤해지는 느낌이 들긴 합니다."

"예, 그렇군요."

"그런데……."

김딴지 변호사가 머뭇거리며 말끝을 흐렸다.

"천하의 김딴지 변호사께서 머뭇거리다니요! 무엇이든 아무 거리낌 없이 말씀하세요."

"그러니까…… 이번에는 이긴 것도 아니고 진 것도 아니기 때문에 사실 많이 속상해요. 변호사로서 면목이 없습니다."

"그런 말씀 마세요. 정말 수고 많으셨습니다. 나는 결과에 대해서는 그 정도로도 만족합니다."

"네? 만족하신다고요?"

"그렇습니다. 반란을 저지하지 못한 것은 한 나라의 왕으로서 입이 열 개라도 할 말이 없는 일입니다. 솔직히 나는 그것이 창피하여 그동안 명예 회복을 요구하기를 주저했던 것입니다. 그런데 이번에 그러한 망설임을 과감하게 떨치고 문제를 제기한 내 자신에 대하여 일단 만족합니다."

"그렇군요."

"또한…… 나름 반성할 기회를 많이 가졌습니다."

"반성할 기회라고요?"

"그렇습니다. 나는 왕위에서 쫓겨나 유배를 당하고 있을 때 죽을 때까지 후회하고 반성했습니다. 그러나 그때는 냉정한 반성이라기보다 원망과 후회가 뒤섞인 감정이었고, 다시 내게 기회가 오길 바라는 기대도 저버리지 못하고 있었어요. 다시 말하면 진실되고 차분한 자기 반성을 못했었지요."

"구체적으로 자기 반성의 내용이라면 무엇인가요?"

그 순간 광해군은 머뭇거리며 잠시 허공을 쳐다보았다.

"……뭐, 새삼스럽게 그 이야기를 다시 꺼낼 필요가 있겠습니까?"

김딴지 변호사는 이 자리에서 다시 한 번 말해 달라는 듯 애절한 눈빛으로 광해군을 쳐다보았다. 광해군은 할 수 없다는 표정으로 말문을 이어 나갔다.

"그러니까…… 내가 왕이었을 때 왕권 강화에 집착한 나머지 옥사를 너무 남용했다든가, 무리한 궁궐 공사에 마음을 빼앗겼다든가, 측근에게 너무 많은 권력을 주었다든가, 그러면서도 그들을 믿지도 못했다든가 하는 것들이지요."

광해군은 회환에 젖은 표정을 지었다.

"그래도 난 광해군 당신이 반성을 한다는 점을 높이 평가하고 싶군요. 자기 반성을 하는 게 쉬운 일이 아니거든요. 그런 의미에서 난 당신을 매우 존경합니다."

"하하하, 뭐 존경까지…… 감사합니다."

웃음을 짓던 변호사는 갑자기 생각난 듯 광해군에게 물었다.

"아, 그런데 오늘 무슨 일로 들르셨는지요? 제게 하실 말씀이라도……."

"뭐 별거 아니에요. 그동안 수고 많으셨다는 인사도 하고, 김 변호사 만난 김에 재판에서 못다 한 이야기나 나눌까 해서지요."

"그러셨군요. 잘 오셨습니다."

"김딴지 변호사, 이번 재판을 통해서 후세 사람들에게 꼭 강조하고 싶은 게 있는데요, 그게 뭔지 아십니까?"

"글쎄요."

"요컨대 권력 행사에는 신중함과 자제력이 필요하다는 점을 후세 사람들에게 강조하고 싶습니다. 다시 말하면 권력을 행사하는 사람은 나를 하나의 거울로 삼았으면 좋겠습니다."

말을 마친 광해군의 얼굴은 가슴 깊은 곳의 한을 훌훌 털어 버린 듯한 표정이었다. 처음 김딴지 변호사 사무실에 와서 억울함을 호소하던 때와는 사뭇 다른 모습이었다. 변화된 광해군의 모습을 보자 김딴지 변호사 자신도 숙연해짐을 느꼈다.

"아, 김 변호사 피곤할 텐데 내 말이 길어졌군요. 감사의 인사를 하러 왔다가 그만……. 내 이만 가 보겠소."

"아닙니다. 저도 많이 배웠습니다."

"정말 수고 많았습니다. 편히 쉬십시오."

"네, 안녕히 가십시오."

광해군을 문 밖까지 배웅하고 사무실로 들어온 김딴지 변호사는 조금 전과는 다르게 한층 밝은 표정이었다.

"우리는 역사를 돌아보며 왜 정치가 잘되었고, 왜 정치가 잘못되었는가를 끊임없이 살펴야 하는구나! 그래, 바로 그거야!"

떠나자,
체험
탐방!

쓸쓸한 광해군의 무덤

광해군의 묘는 경기도 남양주시에 있습니다. 하지만 쉽게 찾아갈 수는 없습니다. 묘의 크기도 작고 안내판도 부족하여 접근하기가 쉽지 않지요. 광해군의 묘를 찾아가려면 먼저 단종의 비인 정순 왕후가 잠든 사릉을 지나 송릉 마을로 진입해야 합니다. 영락교회 천주교 공원 묘원 입구로 들어서면 광해군의 묘를 찾아볼 수 있지요.

광해군은 폐위된 왕으로 그의 무덤은 '릉'이 아닌 '묘'로 불립니다. 광해군 당시의 기록이 '실록'이 아니라 '일기'로 남아 있는 것처럼 광해군의 묘도 '왕릉'이 아닌 '무덤'인 것입니다.

광해군은 인조반정 이후 강화도로 유배되었다가 더 먼 제주도로 옮겨지는데요. 이곳에서 살다가 제주도에서 별세할 당시 "내가 죽으면 어머니 무덤 발치에 묻어 달라"는 유언을 남겼다고 합니다. 그래서 제주도에서 죽은 광해군을 어머니인 공빈 김씨의 묘 근처인 남양주까지 옮겨 와 묻은 것입니다. 사실 광해군의 친어머니인 공빈 김씨는 광해군이 두 살이 채 되기도 전에 죽고 맙니다. 때문에 광해군은 늘 어머니에 대한 사랑을 그리워했지요. 어렸을 적, 선조가 왕자들을 모아 놓고 부족한 것을 말하라고 했을 때 "왕자의 몸으로 태어나 부족한 것은 없으나 어머니가 안 계시는 것이 한이 됩니다"라고 말했다는 일화가 남아 있을 정도로 어머니의 사랑을 그리던 광해군은 죽어서나마 가까운 곳에 어머니와 함께 있게 되었습니다.

광해군의 묘에는 두 개의 봉분이 있는데, 하나는 부인이자 중전이었던 문성군부인 유씨의 묘입니다. 두 개의 무덤이 나란히 놓인 쌍분으로 3면의 나지막한 담에 둘러싸여 있습니다. 그리고 두 무덤 앞에는 영혼이 나와서 놀도록 설치하는 혼유석과 향을 사르는 데 사용하는 향로석, 누구의 무덤인지 알려주는 비석이 각각 설치되어 있지요. 그리고 망주석과 문인석 등도 있으나 일반적인 왕릉에서 볼 수 있는 동물 석상과 무인석은 찾아볼 수 없어서 초라한 느낌을 줍니다. 광해군의 묘는 폐위된 국왕의 묘로 규모도 매우 단출하고, 찾기도 어려운 곳에 있습니다. 묘 앞으로는 길도 없는 급경사 언덕이 자리하고 있고, 볕도 잘 들지 않는 곳이지요.

찾아가기 경기도 남양주시 진건읍 송능리 산59

광해군 묘 안내판

광해군과 문성군부인 유씨의 묘

한 걸음 더! 역사 논술

『역사공화국 한국사법정 34 왜 광해군은 억울해했을까?』와 관련한 논술 문제를 풀어 봅시다.

※ 다음 제시문을 읽고 물음에 답하시오.

(가) 광해군 즉위 당시 조세 제도 중 공물을 거두는 제도에 가장 문제가 많았습니다. 왕실과 관청에서 필요한 물품을 각 지방에서 현물로 거두어들이는 제도였지요. 하지만 광해군은 현물이 아닌 쌀로 세금을 내도록 간편하게 바꾸었습니다. 경기도에서만 시행되긴 했지만, 농민의 부담은 크게 줄어들었지요.

(나) 임진왜란을 겪으며 전염병이 널리 퍼지자 선조 임금은 의서를 편찬할 것을 명했습니다. 하지만 선조가 죽고 의서를 편찬하던 허준이 죽임을 당할 위기에 처하자 광해군이 풀어 주고 의서를 계속 만들도록 힘이 되어 주지요. 이렇게 탄생한 것이 『동의보감』입니다.

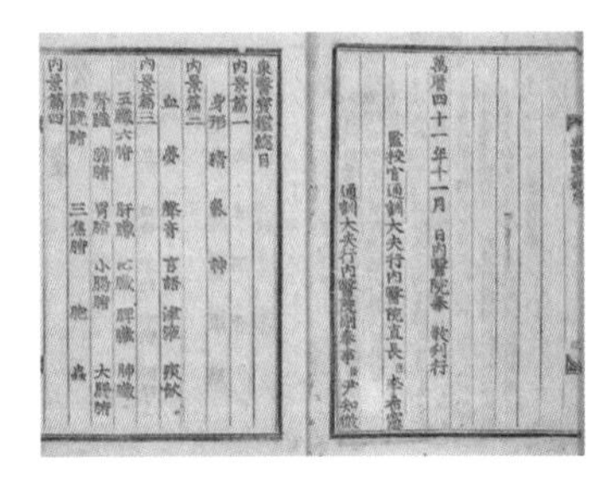
허준의 『동의보감』

(다) 임진왜란으로 조선이 정신없던 사이에 여진족이 힘을 키워 가고, 결국은 명나라와 적대적인 관계로 맞서게 됩니다. 이에 명나라는 조선에 군사를 요청하지요. 하지만 광해군은 명나라를 돕는 것도, 여진족이 세운 후금을 돕는 것도 조선에 득이 되지 않는다고 판단하여 중립을 지키며 조선을 지킵니다.

1. (가)~(다)는 광해군의 업적 중 가장 중요한 것을 간추린 것입니다. (가)~(다) 중 가장 훌륭하다고 생각하는 것을 골라 그 이유와 함께 쓰시오.

※ 다음 제시문을 읽고 물음에 답하시오.

(가) **명나라** : 전쟁 기간 동안은 광해군을 칭찬했지만, 전쟁이 끝나고 나서는 광해군을 장남이 아닌 둘째라는 이유로 세자로 인정하지 않았습니다.

(나) **인목 왕후** : 선조 임금은 첫 왕비인 의인 왕후 박씨가 세상을 떠나자, 김제남의 딸을 새 왕비로 맞이했는데, 바로 인목 왕후입니다. 이후 선조의 유일한 적자인 영창 대군을 낳게 되지요.

(다) **서인** : 광해군 때 북인이 정권을 잡으면서 입지가 좁아지자 위기의식을 느꼈습니다. 그래서 반정으로 광해군을 폐위하고, 능양군을 왕(인조)으로 추대한 세력입니다.

(라) **대북파** : 북인이 대북과 소북으로 나누어졌는데, 그중 전자에 해당합니다. 이이첨을 중심으로 광해군 즉위 당시 조정을 장악했지요.

2. (가)~(라)는 광해군 주위의 인물 또는 세력에 대한 내용입니다. (가)~(라) 중 광해군이 왕으로서의 역할을 다하지 못하게 한 가장 큰 원인은 무엇이었는지 그 이유와 함께 쓰시오.

해답 1 (가)는 대동법 실시, (나)는 『동의보감』 편찬, (다)는 중립 외교에 대한 내용입니다. 이 중에서 가장 훌륭하다고 생각한 것은 (다)의 중립 외교입니다. 당시 조선은 임진왜란이라는 오랜 전쟁으로 피폐해질 대로 피폐해져 있는 상태였습니다. 국토는 불에 탔고, 백성들은 먹을 것이 없어 굶주리고 있었지요. 이런 조선을 지키기 위해서는 다시 전쟁의 소용돌이에 휘말리지 않게 하는 것이었습니다. 그래서 중립 외교라는 형태로 나라를 지킨 것이 가장 훌륭한 업적이라고 생각합니다.

해답 2 (가)의 명나라가 광해군을 세자로조차 인정하지 않으려고 한 것은 광해군에게 큰 고통이었을 것입니다. 당시 조선에서는 세자를 결정하여 명나라에 알리면 명나라는 그냥 승인하는 것이 관례였기 때문입니다. 또한 (나)의 인목 왕후도 적자인 영창 대군을 낳아 광해군의 자리를 위태롭게 합니다. 당시는 적서 차별이 심한 사회였기 때문에 인목 왕후와 영창 대군의 존재는 광해군에게 매우 위협적이었을 것입니다. 그리고 (다)의 서인은 광해군을 폐위한 주도적인 세력으로 광해군이 왕의 역할을 다하지 못하게 했습니다. 하지만 이들보다도 (라)의 대북파가 광해군이 왕으로서의 역할을 다하지 못하게 한 가장 큰 원인이 되었습니다. 자신들의 권력을 유지하기 위해 왕의 판단을 흐리게 하는 일도 마다하지 않았기 때문에 광해군은 옳은 판단을 하지 못했고, 결국 왕의 자리에서 끌려 내려오게 된 것이라고 생각합니다.

* 해답은 예시로 제시된 내용입니다.

찾아보기

역사공화국 한국사법정 34
왜 광해군은 억울해했을까?

초　판 1쇄 발행 2011년 6월 25일
개정판 1쇄 발행 2014년 9월 11일
개정판 6쇄 발행 2021년 12월 20일

지은이　김태희
그린이　박상철
펴낸이　정은영

펴낸곳　(주)자음과모음
출판등록　2001년 11월 28일 제2001-000259호
주소　10881 경기도 파주시 회동길 325-20
전화　편집부 (02) 324-2347 경영지원부 (02) 325-6047
팩스　편집부 (02) 324-2348 경영지원부 (02) 2648-1311
이메일　jamoteen@jamobook.com

ISBN 978-89-544-2334-2 (44910)